S¹

Lb 2816 A.

DE LA
PRÉROGATIVE ROYALE,

PAR L'AUTEUR DE

DEUX ANS DE RÈGNE.

« Dans le système représentatif le mieux réglé, au milieu du déploiement des libertés publiques, en *droit* comme en *fait, l'opinion du roi, la volonté du roi, la personne du roi , tiendra toujours une grande place;* ses croyances, ses sentiments, ses habitudes, ses sympathies, ses goûts, seront autant de faits qu'il *faudra prendre en considération....* Deux faits également certains, l'un, que la pensée, la volonté du roi est une force avec laquelle il faut traiter ; l'autre, que cette force n'est point intraitable , et, d'obstacle qu'elle était d'abord, peut fort bien devenir moyen. »

M. GUIZOT, *De la session de 1838.*

(Revue française).

2e ÉDITION.

PARIS,

GUIRAUDET ET JOUAUST, IMPRIMEURS,
RUE SAINT-HONORÉ , 315.

Janvier 1839.

DE LA
PRÉROGATIVE ROYALE.

Tout est régulier, tout est constitutionnel. La France est calme et pleine de confiance dans l'avenir; elle n'a d'autre préoccupation que celle du développement progressif de tous ses intérêts commerciaux et industriels. Le champ stérile de la politique serait aujourd'hui désert, si quelques esprits inquiets et malades ne s'efforçaient encore de ramener l'irritation, en voulant prouver au pays qu'il a tort de croire à la conciliation et à la paix; en lui disant que cette régularité « n'existe qu'en apparence; que la tranquillité dont nous jouissons cache un mal sérieux, ayant pour cause, d'une part, des députés qui, selon *leur caprice d'un jour,* jettent dans l'urne du scrutin une boule blanche ou noire; de l'autre, des ministres sans autorité, sans volonté personnelle; » et qu'il serait temps « de comprendre enfin que, si le roi a le droit de choisir ses ministres, ce choix ne saurait être *arbitraire,* et que ce serait *une prétention insensée* de vouloir diriger une assemblée puissante par l'intermédiaire de chefs qui lui sont *étrangers,* et auxquels elle ne donne qu'un appui négatif (1). »

J'espère démontrer bientôt le peu de fondement de cette accusation portée directement contre la couronne, et d'autant plus inconvenante qu'elle vient d'un personnage parlementaire.

Quant à ceux dont on vante aujourd'hui si haut les fières et bruyantes protestations en faveur de la prérogative parlementaire, ceux que l'opposition se réjouit si fort de compter parmi ses plus ardents champions dans une vieille querelle contre le pouvoir royal, il faudra voir qui ils sont, et s'ils ont toujours dit la même chose à différentes époques; s'ils tenaient ce langage, à Lisieux, par exemple, ou la veille même de la forma-

---

(1) Les mots placés entre guillemets sont extraits du dernier écrit de M. Duvergier de Hauranne.

tion du ministère qu'ils attaquent. Il faudra voir jusqu'où la vanité, l'ambition déçue, l'amour-propre blessé, ont pu faire dévier certains hommes qui, pendant sept années, ont mis la main *sciemment à tout ce qui s'est fait* pour défendre le trône et les institutions contre les attaques et les insultes venues d'en bas, et tout près d'arriver demain au suffrage universel, oubliant qu'ils ont débuté par la défense énergique de l'*hérédité de la pairie*.

Si les partis avaient quelque bonne foi dans leurs moyens d'attaque, si la joie de s'unir pour le renversement ne faisait pas taire souvent bien des susceptibilités, pourtant si chatouilleuses, à les entendre, l'opposition ne devrait-elle pas dédaigner ces nouvelles recrues, en leur disant, comme la servante de saint Pierre : « En vérité, vous étiez avec eux », *Et tu eras cum illis?* Mais ce qui se passe aujourd'hui est l'histoire fidèle de toutes les oppositions.

La monarchie représentative, fondée en France définitivement, comme le seul accord possible entre la liberté et le pouvoir, a sans cesse à lutter contre des adversaires de plusieurs sortes. Les uns avouent hautement leurs projets de renversement, et ils attaquent cette forme enseignes déployées, au profit de l'absolutisme du nombre ou d'un seul : ceux-là ont du moins le mérite et le courage de la franchise. Les autres se disent les amis vrais, les défenseurs sincères du système politique choisi après tant d'essais et de tâtonnements ; et, soit perfidie, soit imprudence, ils sont, à vrai dire, ses plus cruels ennemis.

Ils prétendent avoir foi au gouvernement constitutionnel ; ils font de fort belles phrases sur l'égalité des trois pouvoirs, *se valant tous*, comme ils disent, se contrebalançant les uns par les autres, ayant tous une part d'action égale dans la sphère de leurs attributions respectives. Mais ces protestations, qu'on se croit obligé de faire en faveur du maintien de la trinité représentative, ne vont guère plus loin que la théorie. La pratique démontre bientôt le peu de bonne foi de leurs déclarations ; et sitôt que l'un des trois pouvoirs, si ce n'est même deux, s'avise de vouloir user du droit d'action et d'influence qui lui est légitimement acquis par la constitution, les politiques dont je parle déclarent que la vérité du gouvernement représentatif est faussée ; de telle sorte qu'à leurs yeux un seul pouvoir a la vie, les deux autres ne comptent guère que pour mémoire, ou comme des abstractions nécessaires à ce qu'ils appellent l'équilibre des corps politiques. Or, je dis qu'un pareil système n'est bon qu'à ruiner tôt ou tard le gouvernement qu'on a la prétention de vouloir fonder.

Pour le moment, je ne m'occupe que du premier des trois pouvoirs, celui que la Charte a placé en tête de notre système gouvernemental, la couronne. J'examinerai plus tard la pairie ; j'apprécierai la part que lui ont faite, récemment encore, ceux-là mêmes qui, il y a sept ans, avaient le plus gémi sur sa mutilation.

Il y a des choses que tout le monde répète parce qu'elles ont été dites une fois. La multitude est d'une merveilleuse facilité à prendre pour vraies certaines idées communes et spécieuses dont elle n'aperçoit pas toute la portée. Ces idées, cependant, exploitées et mises en œuvre par le bavardage de tribune ou de journaux, on ne manque pas de les appeler l'expression de l'opinion générale. Il semble qu'à chaque révolution nouvelle, à chaque mouvement qui s'accomplit chez un peuple, on rédige une phrase nouvelle qui sert à tout le monde, ce qui ne veut pas dire que tout le monde la comprenne de la même manière, si on la comprend. Mais c'est une formule destinée à se répandre et à circuler pendant un certain temps, jusqu'à ce qu'une autre vienne la remplacer, sans plus de profit pour le bien général ; et trop souvent les mots survivent aux idées.

Dans ce nombre il faut ranger un axiome politique qui a cours aujourd'hui, qui est inscrit à profusion sur chaque bannière *dynastique* et anti-dynastique, et dont on se sert comme d'un moyen soi disant contre les personnes, et, à vrai dire, contre les choses.

Je veux parler de cet axiome qui conteste au pouvoir royal toute action, toute influence quelconque sur la marche générale des affaires, prétention non moins absurde que celle qui était soutenue par les gentilshommes de Charles X dans un sens contraire : car prétendre que la couronne ne doit intervenir en aucune façon dans le gouvernement, sous peine de fausser le principe représentatif, là où le pouvoir royal est placé en tête de la hiérarchie politique, est-ce moins impertinent à l'égard de la couronne, déclarée représentative par la Charte, que le système qui contestait au principe électif toute part d'action quand la constitution lui reconnaissait le droit de refuser l'impôt? Si l'un conduisait aux ordonnances de juillet, est-ce que l'autre n'aboutit pas nécessairement à la présidence?

Et d'abord, ceux qui contestent à la couronne toute action directe ou indirecte sur la politique, soit intérieure, soit extérieure, quelle serait leur réponse si on leur demandait : Croyez-vous qu'il puisse exister dans le monde de bons ou de mauvais rois constitutionnels? Si vous le croyez, pouvez-vous dire en quoi consisteraient les vertus des uns ou les vices des autres? Les bons rois ne seraient-ils pas ceux qui donneraient leur signature quand même pour toute loi ou ordonnance sans la lire; car cela ne serait pas nécessaire; qui n'assisteraient jamais au conseil; qui ne voudraient identiquement que ce que voudrait tel ou tel chef de cabinet; en un mot, qui ne feraient absolument rien?

Les mauvais rois ne seraient-ils pas, au contraire, ceux à qui il plairait de se faire rendre compte et de manifester quelquefois une opinion personnelle; qui se reconnaîtraient le droit de ne pas croire toujours à l'infaillibilité absolue de l'un des autres pouvoirs qui partagent l'empire avec la couronne, ou qui, du moins, se reconnaîtraient la faculté de proposer leur système à l'approbation ou au blâme de la majorité. Ceux-là, eussent-ils le génie en partage, eussent-ils quelquefois de salutaires inspirations, fussent-ils préoccupés sincèrement du bonheur général, ne faudrait-il pas nécessairement les regarder comme les plus mauvais de tous, puisque, suivant la maxime tant vantée, ils *gouverneraient?*

Que si les politiques dont je parle se décident pour la négative sur la question que je viens de poser; s'ils croient que le plus ou le moins de capacité du prince est chose tout à fait indifférente, dans le gouvernement appelé la monarchie représentative, pourquoi alors cette forme leur paraît elle préférable à la présidence dans une république , dont le chef est toujours présumé capable, puisqu'il est élu? L'établissement immédiat d'une pareille forme de gouvernement n'est-il pas parfaitement logique, afin d'arriver plus largement à ce qu'on appelle la vérité du système représentatif?

Et pourtant, les partisans austères de la maxime que je viens de citer, et que j'attaque comme inconstitutionnelle, se disent les plus grands ennemis du gouvernement dans lequel l'élément héréditaire n'est pas représenté. Il faut donc leur prouver l'inconséquence de leurs doctrines sur la monarchie constitutionnelle telle qu'elle a été formulée par la nouvelle Charte. Posons d'abord les principes. Je serai court.

§ 1. — LES PRINCIPES.

ÉGALITÉ DES TROIS POUVOIRS : LA PUISSANCE LÉGISLATIVE, LA PUISSANCE EXÉCUTIVE.

La liberté est un fait qu'on ne peut nier aujourd'hui , surtout en France, depuis le grand mouvement accompli irrévocablement en 1789 , et contre lequel il n'y a désormais rien à tenter.

Mais, d'autre part, il faut aussi un pouvoir, c'est-à-dire une direction. Or, les excès de la liberté et du pouvoir, en tant que principes absolus, ont prouvé la nécessité d'un compromis entre deux forces, que le tort de l'école libérale est de croire toujours essentiellement ennemies comme par le passé.

Le monde politique comme le monde social ne peut vivre que de transactions ; et, de même que, dans l'origine des sociétés, chacun des individus qui composent la grande famille est convenu d'abandonner réciproquement une portion de ses droits pour garantir l'intégralité de ceux qui restent, de même, dans la société politique, la liberté et le pouvoir, de nature essentiellement diverse , se sont fait de mutuelles concessions, afin de se défendre contre leurs propres excès. Dès lors la liberté, qui long-temps avait été plus ou moins en lutte avec le pouvoir, a patiemment supporté son voisinage, et même elle a pu vivre en bon intelligence avec lui.

La monarchie représentative est le résultat de ce compromis ; et c'est pour avoir méconnu les termes d'un contrat nécessaire et irrévocable que la monarchie de 1814 a été renversée.

Les conditions d'existence de cette forme de gouvernement étaient celles-ci :

D'une part, le mouvement, le renouvellement périodique, la liberté enfin, ou l'élément mobile et essentiellement variable, au moyen duquel s'accomplit la manifestation continuelle et incessante de tous les besoins, de tous les intérêts généraux, de toutes les volontés particulières, par des délégués légitimes ; voilà ce que représente la chambre élective.

D'une autre part, la permanence, qui amène avec elle la tradition et l'unité, principes nécessaires pour toute stabilité, et tous garantis également par l'élément héréditaire personnifié dans le souverain : tel est le pouvoir royal.

Puis la délibération, le contrôle ; la résistance, s'il y a lieu, aux allures trop vives, soit de la liberté, soit de la couronne, comme cela est arrivé deux fois sous la restauration, telle es t la pairie ou l'élément modéré, dont la mission est de rétablir l'équilibre entre les deux autres forces les plus contraires dans leur essence, et desquelles elle participe également, par l'inamovibilité d'une part, et de l'autre, par son origine, puisque certaines conditions de capacités sont imposées aujourd'hui à la couronne dans le choix des membres de la pairie.

Ainsi, le rapport de ces trois termes, liberté, permanence, délibération, est ce qui forme l'ensemble du gouvernement qu'on appelle la monarchie représentative ; c'est enfin l'unité dans la variété, conditions essentielles de toute perfectibilité pour le monde moral comme pour le monde matériel.

Quant aux attributions respectives de chacune des forces qui se résument dans la monarchie représentative, elles ont été partagées en deux parts : d'un côté est la législation, de l'autre, l'exécution des mesures délibérées et convenues par les deux chambres, chargées de la discussion des lois ; et telle est la puissance législative imprimée à ces deux forces, que, sans leur approbation formelle, il n'y a pas de loi possible.

Mais, ce qu'il importe de constater avant toutes choses, c'est cette séparation profonde entre la puissance législative et la puissance exécutive ; principe reconnu et posé par l'assemblée constituante comme base essentielle de toute institution de forme représentative.

Or, bien que la loi constitutionnelle ait déterminé d'une manière précise les fonctions et les devoirs réciproques de chacun des corps politiques ayant tous une part égale dans le gouvernement, bien qu'il n'y ait pas de doute et d'incertitude possibles sur l'étendue et les limites de ces attributions, quelque chose est encore nécessaire pour que le gouvernement ait la vie, pour qu'il ne soit pas un être sans pensée, flottant sans cesse au hasard des passions et des événements intérieurs ou extérieurs.

Il faudra réunir vers un centre commun tous les rayons isolés ; il faudra donner une âme à ce corps jusque là inerte ; il faudra mettre en œuvre utilement, c'est-à-dire dans l'intérêt de tous, ce produit complexe de tant d'éléments et de forces variés par leur nature comme par leurs tendances.

De la direction gouvernementale.

Il est certain que dans toutes les affaires humaines, quelque simples qu'elles soient, une certaine direction est nécessaire. A qui donc sera réservée cette direction des affaires politiques ? Sera-ce au pouvoir exécutif ou bien au pouvoir législatif ? Ce dernier fera-t-il des lois pour assurer, pour expliquer l'exécution des lois selon sa volonté expresse ? ou bien laissera-t-il à l'autre pouvoir la libre appréciation des mesures organiques qu'il conviendra de prendre dans la conduite générale de la politique, qui n'est que la science des intérêts et des besoins de tous ?

Je dis que la nécessité de réserver cette appréciation au pouvoir exécutif, toujours, bien entendu, dans les limites du pacte constitutionnel, résulte de la nature des choses et des termes mêmes de la Charte.

N'est-il pas vrai, d'abord, qu'en dehors des actes législatifs, en dehors du vote des lois et de leur exécution, il y a des actes, des décisions, des ordonnances, dont l'appréciation, l'étendue, l'opportunité, sont réservées exclusivement à la couronne? Telles sont les relations diplomatiques, les traités d'alliance et de commerce, les déclarations de guerre, la nomination et le choix des fonctionnaires civils et militaires, l'administration enfin, sans parler même du droit exclusif et illimité de nommer les membres de la pairie, portion essentielle de la puissance législative, aux termes de la Charte. Déjà, sous ce rapport, une large part de direction et d'influence morale est donc réservée à la couronne.

Ce n'est pas tout. Une séparation profonde a été posée en principe entre la puissance législative et la puissance exécutive. Or cette séparation n'est pas fictive, et seulement pour la forme. Le législateur a pensé avec quelque raison que le manque partiel ou absolu de connaissances spéciales sur certains détails matériels, l'impossibilité de saisir toujours d'une manière précise et complète l'ensemble de la situation du pays, laquelle est toujours variable et subordonnée aux circonstances de temps et de lieux, la passion, la précipitation, l'emportement possibles des assemblées délibérantes, quelque sages qu'on les suppose, sont de constants obstacles à l'administration du pays par le pouvoir qui fait les lois, dont les délibérations doivent être exécutées spécialement par l'autre pouvoir.

Ainsi, par exemple, les lois organiques concernant la religion et le culte, pense-t-on qu'elles puissent être partout appliquées suivant un mode égal et uniforme, au nord et au midi, à l'est et à l'ouest de la France? Non, sans doute; et plusieurs arrêts de cours royales contradictoires prouvent qu'il y a certains ménagements à prendre, lesquels sont toujours essentiellement relatifs, et n'ont pu être tous prévus par la loi, qui pourtant, en principe, doit toujours être appliquée.

Pour prendre un autre exemple, supposé le principe de la conversion adopté par les deux chambres : à moins d'une clause expresse émanée du pouvoir législatif, et qui fixe le jour et l'heure pour l'application par le pouvoir exécutif, ne peut-on pas concevoir qu'il soit réservé à la couronne de juger le fait de l'opportunité ou de l'inopportunité, c'est-à-dire le droit de l'appliquer aujourd'hui ou demain, appréciation qui peut varier et rester même subordonnée à certains accidents intérieurs ou extérieurs?

Le droit d'exécution appartient donc au pouvoir royal.

Or, exécuter c'est agir, et en politique rien n'est *a priori* : c'est donc agir, en faisant toujours la part des temps, des circonstances, des localités. Et comment un corps politique auquel on a refusé l'exécution des lois, c'est-à-dire l'action ou la direction en ce qui touche *ses propres délibérations*, pourrait-il avoir la puissance d'agir ou de diriger dans l'ensemble de tous les faits généraux, au nombre desquels se trouveraient nécessairement compris ceux-là même *qui ne sont pas de sa compétence*, tels que les relations extérieures, les traités d'alliance et de commerce, le droit de nommer les pairs ou de choisir les membres de l'administration, etc., toutes prérogatives réservées exclusivement au pouvoir exécutif?

Que si on admet le système contraire, si on veut que le droit d'action et direction appartienne essentiellement en particulier et en général à la prérogative parlementaire, ne faudra-t-il pas en conclure que, pour que le parlement puisse diriger en connaissance de cause, les dépêches et notes diplomatiques, adressées directement à la couronne par l'intermédiaire de ses conseillers, devront toutes, sans exception, être déposées sur le bureau du président de la chambre; que les rapports particuliers entre les préfets et leurs administrations, les relations avec l'armée ou avec les corps judiciaires, les lettres confidentielles, doivent toutes êtres rendues publiques? système immoral et absurde, qui tend à rendre tout gouvernement impossible!

Ainsi, d'une part, la nature des attributions spécialement et expressément réservées à la couronne, et de l'autre, le fait même de l'interdiction prononcée par la Charte, qui a refusé l'exécution des lois au pouvoir dont elles émanent, témoignent également de l'intention formelle du législateur en ce qui touche la direction générale des affaires. C'est donc à la prérogative royale que doit appartenir cette direction, non arbitraire, car elle est toujours soumise au contrôle des autres pouvoirs politiques, non absolue et invariable, car elle est toujours subordonnée aux circonstances de temps et de lieux, mais toujours nécessaire dans l'intérêt de l'unité représentative.

Il semble même que l'initiative royale quant à la direction soit tellement une croyance instinctive dans l'esprit des assemblées délibérantes, que, malgré les termes formels de la Charte, qui reconnaît aux trois pouvoirs également le droit de présenter les lois, les deux chambres n'ont usé jusqu'ici de cette prérogative qu'avec la plus grande réserve.

Mais cette direction purement morale, ou plutôt cette influence dans la conduite générale des affaires, que je crois réservée rationnellement à la couronne, et d'ailleurs contrebalancée par l'égalité respective des autres pouvoirs, est-elle si exorbitante, qu'on ne puisse trouver quelque chose d'à peu près semblable dans un fait qui se passe tous les jours sous nos yeux ? Je parle du fait même de la discussion, de l'élaboration des lois dans le sein du parlement.

La discussion générale ne peut-elle pas être conduite d'une certaine manière par le chef de l'assemblée, qui est pourtant élu par elle ? Et ce chef qu'on choisit, ne le choisit-on pas de préférence, autant que possible, éclairé, intelligent ou présumé tel, afin qu'il soit capable d'aider, de faciliter le travail de chacun des membres de l'assemblée ? Le devoir de ce chef n'est-il pas de surveiller la discussion, d'éclaircir les points obscurs, suivant sa propre pensée ? N'exerce-t-il pas souvent lui-même, par la lucidité de son esprit, par son éloquence, par la puissance de ses arguments, une sorte d'influence légitime sur l'ensemble de la discussion ? Enfin ne dirige-t-il pas un peu les débats ? Je dis plus : n'est-ce pas précisément parce qu'on croit à cette direction possible, que le président de la chambre a ses partisans ou ses adversaires au dedans et au dehors de l'assemblée, selon l'opinion qu'on lui suppose représenter ?

Eh bien ! ce qui se passe tous les jours très légitimement dans le fait seul de l'élaboration des lois n'est-il pas, à plus forte raison, vrai et légitime en ce qui touche leur application par la couronne, et, par suite, dans cet autre fait d'une importance plus grande, à savoir la conduite générale des affaires du pays? N'est-ce pas à la royauté qu'il faudra reconnaître cette direction, elle qui a pour mission de conserver toujours l'unité de l'état, en mettant le gouvernement, hommes et choses, en harmonie avec l'esprit le plus général du pays, représenté par les majorités des chambres; en sachant lier les traditions les unes avec les autres, afin d'éviter les commotions et les secousses dangereuses; en ramenant enfin les opinions divergentes vers un but commun, à savoir, le développement progressif des institutions sociales et politiques?

C'est donc une erreur constitutionnelle grave que de contester toute influence directrice à la puissance dont l'attribution spéciale est d'administrer, d'apprécier les cas de guerre ou de paix, en d'autres termes, de juger la situation du pays; à la puissance, enfin, qui traite en personne, directement et indirectement, avec toutes les autres forces quelconques, au dedans et au dehors?

Cette influence nécessaire de la couronne a été reconnue en droit et en fait, et jugée salutaire par tous les esprits élevés qui ont traité jusqu'ici de la monarchie représentative.

M. Duvergier de Hauranne soutient aujourd'hui l'opinion contraire ; nous verrons bientôt s'il l'a toujours soutenue. Mais, sans vouloir nier ici le mérite personnel de l'honorable publiciste, M. Duvergier de Hauranne me permettra peut-être de lui préférer l'expérience et l'autorité incontestables de M. Guizot. Or voici ce que M. Guizot écrivait en 1828, alors qu'il était le chef avoué du libéralisme, le représentant éclairé et suprême d'une école qui avait alors la prétention de défendre les vrais principes constitutionnels : « Dans le système représentatif le mieux réglé, au milieu du déploiement des libertés publiques, en *droit* comme en *fait, l'opinion du roi, la volonté du roi, la personne du roi, tiendra toujours une grande place;* ses croyances, ses sentiments, ses habitudes, ses sympathies, ses goûts, seront autant de faits qu'il *faudra prendre en considération......* Deux faits également certains, l'un, que la pensée, la volonté du roi est une force avec laquelle il faut traiter; l'autre, que cette force n'est point intraitable, et, d'obstacle qu'elle était d'abord, peut fort bien devenir moyen. »

« Il est convenu dans le gouvernement représentatif, écrivait encore M. Guizot, qu'on ne doit jamais faire intervenir le nom du roi; que les luttes politiques se passent, que les affaires se décident, entre les chambres et les ministres, que, responsables de toutes choses, les ministres, en toute occasion, sont seuls présumés acteurs.

» Beaucoup de gens en ont conclu que, dans ce régime, la royauté n'était, à vrai dire, qu'une fiction; le roi, une ombre magnifique cachée derrière les nuages, destinée à apparaître quelquefois, tantôt pour *plaire*, tantôt pour *effrayer*, mais sans pouvoir *réel*, sans action véritable sur le cours journalier des événements; et, selon qu'on a bien ou mal pensé du pouvoir représentatif, on lui a fait de ce rôle de la royauté un mérite ou un tort; on a dit qu'il *sauvait* ou *perdait* la monarchie. Étrange façon de *se payer de mots!* » (1)

On est donc forcé de reconnaître que pour justifier la préférence qu'ont accordée les peuples à cette forme de gouvernement sur toutes les autres, il faut la réalité et non le fantôme de la monarchie représentative. La question n'est donc plus, à vrai dire, que sur le plus ou le moins d'influence que la couronne pourra exercer dans la direction, laquelle ne sera jamais sérieusement dangereuse, puisqu'à côté de la puissance directrice sera toujours la garantie; c'est-à-dire la nécessité d'un ministre responsable en présence d'une majorité toujours libre.

Mais sans parler du fait même de l'ordre hiérarchique dans lequel se trouvent placés les trois pouvoirs, dont le premier, d'après la Charte, est le pouvoir royal, peut-on admettre que celui-ci soit long-temps de force à contrebalancer les deux autres, au nombre desquels est la démocratie, toujours envahissante de sa nature, si on lui refuse toute action, toute influence;

____

(1) M. Guizot, *De la session de 1838.*

s'il est destiné à toujours marcher à la suite des deux autres ou d'un seul, sans spontanéité, sans personnalité, n'ayant, enfin, rien qui le distingue du président d'une république ?

Et qu'auraient donc gagné les peuples au maintien d'une pareille forme ? Or, les peuples ne se prennent pas d'enthousiasme pour un principe uniquement dans l'intérêt de ce principe ; ils lui demandent quelque chose d'utile, de salutaire, qu'ils ont supposé, à tort ou à raison, ne pouvoir rencontrer dans un principe différent : et ce but n'est-il pas complétement manqué si le trône, à leurs yeux, n'est plus qu'une république honteuse, se cachant derrière un mensonge, et destinée tout au plus à dissimuler l'orgueil ou l'incapacité possible de quelques gouvernants ; si le titulaire de la royauté n'est qu'un automate sans pensée, car il lui est interdit d'en manifester une ; s'il n'est là que pour boucher le trou de la couronne et pour trôner dans certaines circonstances, tout au plus bon à poser sa signature quand même au bas de tels ou tels actes politiques sans les lire, car, en fait, ce serait chose complétement inutile ? Ne sera-ce pas se jouer des peuples qui ont voulu la monarchie représentative préférablement à toute autre forme ?

De ce que le principe constitutionnel est une salutaire garantie pour le cas possible où le prince serait valétudinaire, on conclut qu'il faut que les choses se passent toujours de même, quel que soit le mérite personnel du titulaire de la couronne. L'exception devient alors la règle, et c'est le contraire de ce qui devrait être. Mais qu'aurait à répondre le président du conseil, ou plutôt le véritable roi, dans un tel état de choses, à ceux qui lui diraient : « Qu'est-ce donc que votre royauté, pour laquelle vous demandez du respect dans la personne du roi, puisqu'il est indifférent qu'il soit homme d'esprit ou imbécile ? et n'a-t-on choisi un roi que pour lui faire plaisir à lui-même ? » Le président du conseil, ou le roi de fait, pourrait-il regarder sans rire ceux qui ne prendraient pas au sérieux un pareil gouvernement ? Les peuples pourraient-ils bien longtemps consentir à aimer, à conserver, par amour seul pour un principe, ce qu'ils se seraient accoutumés à mépriser, avec quelque raison, comme manquant de vie, comme n'étant qu'une abstraction, une fiction stérile; comme n'étant qu'une ridicule parodie de cette véritable monarchie représentative qui vit d'ordre, de modération, de tempérance, de soumission intelligente des peuples? Ne seraient-ils pas bien prompts à se débarrasser de cette forme, ou plutôt de ce soliveau dont parle la fable, n'empêchant le mal que rarement, et toujours impuissant à produire le bien? En vérité, n'est-il pas permis de croire qu'un pareil résultat, logique et infaillible aujourd'hui ou demain, est au fond de la pensée de certains politiques partisans de cette maxime: *Le roi règne et ne gouverne pas,* maxime tout aussi absurde et fausse, envisagée d'une manière absolue, que la maxime contraire?

Ces considérations générales me paraissent toutes conformes à l'esprit qui a présidé, dans l'origine, à l'établissement des trois pouvoirs ou de la monarchie représentative. Examinons maintenant la lettre même du contrat, dans quelques unes de ses dispositions, en ce qui touche la prérogative royale:

« Le roi seul sanctionne et promulgue les lois. » Comme le pouvoir royal est égal aux deux autres, il a le droit et la liberté d'accorder ou de refuser sa sanction. Cela implique pour la couronne le droit de se faire rendre compte, et il n'y a pas encore d'article dans la Charte qui lui interdise l'entrée au conseil? Or, selon que la couronne accordera ou refusera sa sanction, puisqu'elle est libre, n'exercera-t-elle pas une influence quelconque sur la direction des affaires? Le roi n'est-il pas assez intéressé dans la question pour qu'il lui soit permis de savoir ce qui se passe avant de mettre sa signature au bas de celle d'un ministre, dont la responsabilité n'est que momentanée et variable comme les cabinets et les majorités; tandis que la responsabilité du roi est toujours permanente en fait comme la royauté, et trop souvent plus qu'elle. L'histoire est là pour nous dire si les peuples voient toujours dans le monarque le titulaire fictif, et non le titulaire réel de la royauté.

« Le roi nomme les pairs », dont le nombre est illimité, en se soumettant, il est vrai, au conditions exigées par la Charte. Mais n'est-ce pas une attribution qui s'étend même jusqu'au domaine du pouvoir législatif, puisque la pairie en est une portion essentielle? N'est-ce pas surtout afin de briser une majorité hostile, soit à la liberté, soit à la couronne, que le pouvoir exécutif a usé quelquefois du droit de nommer des pairs? Or, nommer des pairs, membres du second corps politique, appelle-t-on cela ne pas diriger?

« Le roi a le droit de dissoudre la chambre élective. » Or, dissoudre une législature, n'est-ce pas manifester une volonté personnelle, légitimement, constitionnellement?

« Le roi fait la paix ou la guerre. » On répond à cela : S'il plaît au roi de faire la guerre contre la volonté d'un des trois pouvoirs, celui-ci peut toujours refuser les subsides. Soit; mais s'il plaît au roi de ne pas faire la guerre, de maintenir la paix contre la volonté d'un des pouvoirs (qui peut plus peut moins), n'ayant pas de subsides à demander aux chambres, sa volonté ne sera-t-elle pas accomplie en fait et en droit? Appelle-t-on cela ne pas diriger?

« Toute justice émane du roi, qui a le droit de faire grâce et de commuer les peines? »

C'est à la couronne qu'il appartient de nommer tous les membres du corps judiciaire ; à elle surtout le droit de faire grâce et de commuer les peines, noble droit dont S. M. Louis-Philippe a usé largement; précieuse prérogative, refusée à tout chef d'un état politique autre que la monarchie représentative, et qui place la personne royale dans une sphère si élevée et comme au dessus des passions humaines. Or, user du droit de grâce à l'égard de ceux que la loi a destinés à une peine capitale ou infamante, n'est-ce pas en quelque sorte interrompre la justice des hommes dans l'intérêt de la modération, c'est-à-dire pour le bien? n'est-ce pas, enfin, diriger?

Dira-t-on que l'amnistie n'est pas un acte de gouvernement?

« La personne du roi est inviolable et sacrée. » Or, cela suppose que le roi peut faire quelque chose : car, s'il ne fait rien, il est tout simple qu'on n'a aucun compte à lui demander. Le roi peut donc faire quelque chose ; seulement, c'est avec le contre-seing d'un ministre responsable ; et si l'opinion publique y trouve une garantie pour demander raison du mal possible, du moins cette garantie ne lui interdira-t-elle pas l'occasion et le bonheur de remercier la royauté pour le bien qu'elle aura souvent fait. Et c'est cette chance toute naturelle que veulent nous ôter les politiques imprudents ou intéressés qui ne voient dans la monarchie représentative qu'une misérable fiction, spectatrice impassible du bien et du mal, en toutes circonstances, condamnée enfin à une éternelle et désespérante immobilité.

Enfin, pour me résumer, la prérogative royale cesse d'être représentative dès qu'elle est dépourvue d'action et d'influence.; ce n'est plus un pouvoir, mais simplement une dignité dans l'état. Soutenir la maxime *Le roi règne et ne gouverne pas* d'une manière absolue, c'est donc nier l'un des trois pouvoirs, et par cela même le gouvernement constitutionnel, qui n'est que l'ensemble complet de la trinité représentative.

Je sais bien qu'à tous ces arguments en faveur de la prérogative royale il est une réponse toute prête, à savoir, le *refus de l'impôt*, dont l'idée corrélative est la maxime tant répétée, *Le dernier mot appartient au pays*. Et c'est là dessus qu'on prétend fonder cette autre doctrine fausse et inconstitutionnelle, celle qui voudrait attribuer exclusivement à la chambre élective la prépondérance ou plutôt l'omnipotence parlementaire. Voyons encore dans quelles limites est vrai cet argument, en général, et dans l'application aux circonstances actuelles.

De la prérogative parlementaire.

Jusqu'ici nous avons considéré un état politique normal. Nous avons vu la machine représentative fonctionner sans difficultés, sans entraves. Mais malheureusement la pratique fait voir que les choses ne se passent pas toujours aussi régulièrement; et l'humanité se retrouve toujours au fond de nos institutions, quelque parfaites qu'on les suppose, avec ses défauts et ses faiblesses. Qu'arrivera-t-il donc le jour où une lutte plus ou moins vive s'engagera entre l'un des pouvoirs et les deux autres?

Notre histoire contemporaine nous montre la royauté luttant contre la pairie et la chambre élective; et la royauté a succombé dans la lutte, parce qu'elle avait manqué aux conditions du contrat.

Nous avons vu la royauté et la pairie luttant ensemble contre la chambre élective. On connaît les bienfaits de l'ordonnance royale rendue en 1816 ; on se souvient qu'alors le pays donna raison à la royauté et à la pairie contre la chambre élective. Eh bien ! si des circonstances analogues se représentaient dans l'avenir, trouverait-on illégitime, plus tard, ce qu'on trouvait juste et salutaire il y a quinze ans ?

La Charte de 1814 avait réservé à la royauté un article 14 contre la chambre élective ; la royauté s'en est servie pour son malheur. La Charte nouvelle a-t-elle aussi tenu en réserve un article semblable pour la chambre élective contre la royauté ? À entendre certain publiciste, il semblerait que cela fût ainsi ; et cet article imaginaire on le tient comme suspendu au dessus de la tête de la jeune royauté.

On avait dit : Le roi est le seul pouvoir réel ; on dit aujourd'hui : La chambre élective est le seul pouvoir prépondérant. Deux erreurs qui me semblent égales au même titre.

Lorsqu'il y a d'un côté la pairie et la chambre élective, et de l'autre la royauté, on admet que la royauté doit céder. Cela est juste et très constitutionnel.

Mais lorsque d'un côté sont la pairie et la royauté, et de l'autre la chambre élective, on soutient encore que la royauté doit céder. Or, dans cette hypothèse, que devient le gouvernement des majorités ? que devient le jeu des trois pouvoirs ? et à quelle puissance, en définitive, faudra-t-il appeler de tous les pouvoirs constitutionnels ? Est-ce que le parlement ne se compose pas de forces égales entre elles, se *valant toutes*, se contrebalançant l'une par l'autre ? L'indépendance et la liberté d'action ne sont-elles pas des conditions essentielles de stabilité pour toute association de forces tendant vers un centre d'unité ? Chacune de ces forces ne doit-elle pas avoir une existence, une puissance à elle propre ? La pairie, enfin, ne vaut-elle pas la chambre élective ? N'est-elle pas représentative comme elle ? N'a-t-elle pas, aussi bien qu'elle, le droit de rejeter ou d'adopter telle ou telle décision selon sa conscience, au

lieu de s'humilier toujours, devant l'un des trois pouvoirs, selon le désir de M. Duvergier de Hauranne, qui, de fait, n'en
reconnaît plus aujourd'hui d'autre que la chambre élective?

Dira-t-on qu'il y a de ma part exagération? On se souvient
de ce qui s'est passé l'année derrière lors du rejet par la pairie de la loi sur la conversion. «De quoi s'avise cette chambre? disaient alors certains banquiers. Quelle est l'audace de
cette chambre, qui se permet d'avoir une opinion? Mais
n'est-elle pas trop heureuse qu'on lui ait laissé la vie il y a
sept ans? Eh bien! si elle refuse la conversion, il reste toujours un moyen à la chambre élective, ce sera de refuser
l'impôt, en tout ou en partie.»

Ainsi, pour quelques esprits, qui se prétendent constitutionnels, la pairie n'est guère non plus qu'une abstraction,
comme on voudrait que fût toujours la royauté.

Mais n'est-ce pas traiter bien cavalièrement la seconde
chambre? Serait-ce donc pour la punir de s'être laissé enlever
cette hérédité si chère, si chaudement défendue il y a six ans
par les amis de M. Duvergier de Hauranne? Est-ce que la pairie n'aurait plus à leurs yeux qu'une existence fictive depuis
qu'elle a cessé d'être héréditaire, de même qu'elle est sans valeur pour M. O.-Barrot jusqu'à ce qu'elle devienne élective?
O puissance infinie de la coalition, qui fait aboutir au même
résultat des opinions si diverses dans leur essence!

C'est donc aussi une erreur constitutionnelle grave que d'attribuer la prépondérance parlementaire à un seul pouvoir aux
dépens des deux autres, qui sont également représentatifs,
sans quoi le gouvernement constitutionnel a cessé d'être.

Quant à la conclusion du publiciste, que dans sa plaidoirie
amère contre la royauté il a jetée comme argument irrésisti-
ble, comme raison dernière au milieu de la lutte des deux
prérogatives, «Le dernier mot appartient au pays», voici la
seule réponse qui soit à faire pour le moment, puisqu'il parle
d'une hypothèse qui n'existe pas aujourd'hui:

De deux choses l'une: ou le roi aura fait un acte inconsti-
tutionnel dans le fond ou dans la forme, et dans ce cas le droit
est du côté du pays, la couronne a tort; elle doit subir les

conséquences de cette faute à l'égard de la constitution et du peuple. L'exemple de Charles X est là comme un enseignement pour toutes les royautés constitutionnelles présentes et à venir. Oui, dans ce cas, le dernier mot appartient au pays.

Ou le roi est demeuré constitutionnel, et alors, si l'on veut, le dernier mot est encore au pays ; mais ce ne sera plus une question de droit, ce sera une question de fait ; et si, après avoir épuisé tous les moyens offerts à la couronne par la charte pour briser une majorité factieuse et hostile à la monarchie, je parle toujours d'une hypothèse, les électeurs ou le pays renvoyaient les mêmes représentants à la chambre élective, alors il n'y aurait plus de gouvernement constitutionnel : le pays aurait cessé d'être fidèle au contrat synallagmatique. Il ne m'appartient pas de dire si le pays aurait tort en fait, mais, à coup sûr, il aurait tort en droit : *Dii meliora piis !*

Mais pourquoi parler d'une hypothèse purement gratuite quant à présent ? Pourquoi songer à la tempête quand le ciel est calme et serein ? Quels actes arbitraires jusqu'ici ont pu motiver cette grande colère de M. Duvergier de Hauranne contre la couronne et la pairie, au point d'invoquer déjà contre elles le principe de la prépondérance, disons mieux, de l'omnipotence du pouvoir électif ? Tout n'a-t-il pas été *régulier et constitutionnel* dans la forme et dans le fond depuis huit ans. Il le reconnaît lui-même. Le cabinet du 15 avril, auquel on refuse la qualité de ministère parlementaire, a-t-il réuni moins de suffrages que les cabinets précédents ? Les faits sont là pour répondre que non, et c'est ce que je vais bientôt démontrer.

A quoi donc se réduit cette accusation formulée en termes si peu parlementaires contre la couronne ? Quelle est cette puissante action gouvernementale exercée jusqu'ici par le souverain, et qui afflige si fort M. Duvergier de Hauranne et ses amis, si ce n'est une influence toute simple, toute naturelle, de la personne royale sur les corps délibérants et sur le pays, ayant pour cause certaines qualités incontestables qui se sont rencontrées dans le souverain, et dont le pays avait la conscience le jour où il l'a choisi ? Et comment admettre qu'il

soit défendu à la couronne de manifester une opinion personnelle, de proposer enfin son système au pays, sauf l'approbation ou le rejet par le pays? Comment concevoir la couronne réduite au rôle d'un être passif et indifférent, se retran-
chant sans cesse dans une majestueuse imbécillité en présence du bien ou du mal? Mais ceux qui soutiennent un pareil
système peuvent-ils dire pourquoi les constitutionnels d'autrefois, hommes consciencieux et amis de la liberté, s'expri-
maient avec tant d'enthousiasme sur le mérite du duc d'Orléans,
pendant la restauration, et même encore long-temps après?
Ne serait-ce pas parce qu'ils espéraient que toute son habileté consisterait à les laisser gouverner quand même à sa place?
Cette grande querelle, soulevée aujourd'hui par certains hommes qui prétendent au monopole de l'intelligence, ne serait-
elle au fond qu'une querelle de personnes entre gouvernants
qui ne peuvent pardonner au roi d'être un homme d'esprit?

Que si on me reproche, comme on l'a fait souvent, je ne
sais quelles flatteries, je ne sais quelles adulations *basses* à
l'égard de la personne royale, voici les paroles d'un homme
qu'on ne peut guère soupçonner de courtisanerie, pour parler le langage de l'opposition. Écoutons M. O.-Barrot parler devant une cour judiciaire : » Quand une dynastie se
fonde, quand elle a pour chef, eh ! mon Dieu, je puis le dire
sans flatterie, un homme d'une capacité éminente; quand cet
homme a le sentiment de ses forces, quand il a confiance en
lui, confiance réalisée en grande partie par l'expérience du
passé; en pareil cas, sans doute, les fictions constitutionnelles,
quelque sacrées qu'elles soient, ne peuvent pas ne pas *fléchir
quelquefois*. Le roi, ayant un si grand enjeu dans la partie qui
se joue, ne peut pas ne pas exercer une certaine influence,
une influence qui pénètre dans toutes les discussions » (1).

C'est donc, comme je le disais, une question de plus ou de
moins quant à la direction, dont on reconnaît l'initiative à la
couronne dans une certaine mesure.

Ainsi, tout le tort de S. M. est d'avoir trop dirigé jusqu'ici

______

(1) Affaire du *Siècle*, 10 février 1837.

par influence, après avoir proposé son système au pays, qui n'a cessé de l'approuver à tort ou à raison.

Eh bien ! veut-on savoir comment ce système a été jugé par les amis de M. Duvergier de Hauranne, non seulement lorsqu'ils étaient au pouvoir, mais alors même qu'ils en étaient sortis ? Je parle de ceux des amis de M. Duvergier de Hauranne qui ne font pas de la politique une question personnelle ; je parle de ceux qui voient les affaires d'un point de vue plus élevé, et non à la mesquine proportion d'un intérêt de vanité ou d'ambition.

» On peut interroger comme on voudra la politique du *juste milieu*, disait l'honorable M. Guizot pendant le ministère du 22 *février*, on la trouvera en égale harmonie avec les intérêts du présent, les souvenirs et la gloire du passé, les droits et les espérances de l'avenir. C'est donc bien la politique *nationale*, c'est la politique du 13 mars et du 11 octobre ; on l'appellera *doctrinaire* si l'on veut, j'accepte cette dénomination ; c'est la politique de *mes amis*, c'est la *mienne*; mais c'est avant tout celle du 9 août 1830, c'est d'abord et avant tout la politique *du roi et de la France*. Et ici j'ai le bonheur de n'être plus entravé par les usages parlementaires, je puis parler du roi, de sa *haute* et *décisive* influence sur nos destinées.... En 1789 le roi avait pensé comme la France. Depuis 1789, le roi était éclairé comme la France ; et, comme la sagesse acquise par l'expérience se résume dans un homme d'une manière *plus simple* et *plus complète* que dans une nation toujours *divisée et combattue*, la sagesse du roi a *souvent besoin de devancer* et de *guider* celle du pays ; mais, au fond, ils ont *toujours agi de concert*. Leur politique a *toujours été*, est essentiellement *la même*; c'est la politique *royale* aussi bien que la politique *nationale*.

» Que la majorité nationale adhère donc fortement au roi, qu'elle redoute ses périls et ses injures. Le roi, c'est elle-même ; c'est à elle comme à lui *qu'on en veut*. Leur cause est inséparable, que leurs forces soient toujours unies. »

Tel était le discours prononcé par l'honorable M. Guizot au banquet qui lui fut offert, le 10 août 1836, par les électeurs de Lisieux. M. le duc de Broglie y assistait. Un toast ayant été porté à l'ancien président du conseil, il répondit quelques mots qui témoignaient de la communauté de ses opinions et de ses principes avec les électeurs, et de sa complète adhésion à cette politique dont M. Guizot venait de les entretenir.

Ce que disait alors M. Guizot, il le dirait encore aujourd'hni, car rien n'est changé quant aux choses. Or nous n'avons pas vu M. Duvergier de Hauranne désavouer dans des brochures où des articles de journaux une aussi éclatante affirmation du chef intelligent d'une école politique qui, alors comme aujourd'hui, avait la prétention d'être parlementaire. Il y a plus, un mois après le discours de Lisieux, M. Guizot rentrait aux affaires, et M. Duvergier de Hauranne continuait de défendre dans les journaux, et plus tard à la tribune, cette politique *nationale*, qui est *celle du roi*, et qui a cessé d'être celle des amis de M. Duvergier de Hauranne depuis qu'ils ont cessé d'être ministres.

C'est donc une immense duperie que cette accusation formulée contre la couronne par ces mots élastiques *le roi règne et ne gouverne pas*. C'est un leurre au moyen duquel on espère faire prendre le change au pays sur tout un passé de huit ans, auquel il a donné sa complète adhésion. Car si le roi règne et gouverne aujourd'hui, c'est constitutionnellement, et ni plus ni moins qu'avant le 15 avril, ni plus ni moins qu'au 13 mars, au 11 octobre, au 6 septembre, et sans en excepter le ministère du 22 février.

Et qui donc, en effet, dirigeait les affaires à l'époque où un misérable assassin (Alibaud) a voulu frapper, dans la personne du roi, celui que la presse *avancée* désignait à ses coups, comme le véritable gouvernant? Qui donc était alors président du conseil, si ce n'est M. Thiers, lequel a depuis essayé de prouver au pays qu'il y avait une volonté différente de celle du roi? Mais le vote éclatant de la chambre élective au sujet de l'intervention a prouvé à M. Thiers que la volonté du roi était aussi celle du pays.

Enfin qui aura droit de se plaindre si le roi, par son habileté, par son expérience, a exercé une puissante action sur tout le monde, depuis les ministres, sans excepter les amis de M. Duvergier de Hauranne et lui-même, jusqu'aux députés; depuis les électeurs politiques ou municipaux jusqu'aux simples soldats de la garde nationale? Et si, après tout, le pays, trois fois consulté *naturellement* depuis huit années, a choisi les mêmes mandataires, qui ont constamment témoigné de leur confiance envers la couronne, si tout le monde a approuvé le roi et son système, n'est-ce pas le cas de dire : Quand tout le monde a tort, tout le monde a raison?

Ainsi, pour en finir avec une maxime qui n'est qu'un non-sens ou un mensonge, considérée d'une manière absolue : non, sans doute, le roi n'a pas gouverné jusqu'ici, en ce sens qu'il n'a pas gouverné seul et qu'il a toujours partagé l'empire avec les autres corps politiques; il n'a pas gouverné, en ce sens qu'il n'a fait aucun acte, rendu aucune décision sans le contre-seing d'un ministre, en ce sens qu'il n'a jamais choisi ses ministres en dehors de la majorité parlementaire, puisque, sur toutes les questions vitales au dedans et au dehors, il n'a cessé d'obtenir la confiance du plus grand nombre.

Mais, Dieu merci! le roi a gouverné, par influence si l'on veut, en soumettent son système à l'approbation des ministres, des chambres, des électeurs, qui ont été libres de l'accepter on de le répudier. Le roi a gouverné en ce sens qu'il a su chercher et trouver à toutes les époques difficiles des hommes capables, par le talent et le caractère, de le seconder dans sa lutte contre les ennemis de la liberté d'en bas ou d'en haut; il ne s'est pas laissé effrayer de tout le bruit qui venait du dedans ou du dehors; il a enfin usé noblement, généreusement, de l'influence toute simple que donnent la raison, l'expérience, le patriotisme, l'amour vrai et éclairé du pays, pour le conduire sûrement et sans secousses vers un but certain et dont il avait la conscience le jour même de son installation, à savoir, le progrès social et politique.

Et telle est l'influence légitime que reconnaissait à S. M. un jeune ministre, M. de Montalivet, lorsqu'il prononçait dernièrement ces paroles si vivement attaquées : « *Le roi dirige notre époque.* »

J'ai posé les principes qui m'ont semblé les vrais principes constitutionnels en ce qui touche la prérogative royale; je veux examiner, d'après les faits, ce qu'il y a de fondé dans ce reproche adressé à la couronne, de prétendre diriger le parlement par des chefs qu'elle repousse. Je veux savoir si, par son origine comme par ses actes, le ministère actuel est ou n'est pas parlementaire.

§ II. — LES CHOSES.

LE MINISTÈRE ACTUEL EST-IL PARLEMENTAIRE ? SON ORIGINE
ET SES ACTES.

Il y a un moyen commode et sûr de n'avoir jamais tort dans toute discussion : c'est de prendre pour vrai ce qui est en question, afin de déduire du fait supposé vrai certaines conséquences plus ou moins logiques. Telle est la manière de M. Duvergier de Hauranne.

Son idée fixe est de croire que le cabinet actuel a été imposé au pays par la couronne : il n'est donc pas parlementaire. Or, s'il n'est pas parlementaire, un conflit doit exister entre les pouvoirs politiques : donc ce contrat existe, donc M. Duvergier de Hauranne a raison quand il essaie d'engager la chambre élective dans une croisade contre le trône et la pairie.

M. Duvergier de Hauranne ne peut se consoler de la chute du ministère auquel il avait accordé sa puissante protection. Dans son humeur morose, il se prend à tout le monde, à la majorité, aux ministres, à la couronne. La majorité « est divisée, tiraillée, incertaine; les députés votent au *hasard* et *selon leur caprice* », supposition qui n'est guère polie à l'égard de ce pouvoir en qui seul réside la prépondérance parlementaire, selon le publiciste; la couronne a du moins « la prétention de gouverner selon le gré de la chambre élective », prétention qu'elle n'avait pas à l'époque où les amis de M. Duvergier de Hauranne régnaient; les ministres sont « sans volonté, le ministère est servile », c'est « un ministère de cour »; et le conservateur tory, rallié aujourd'hui à tout ce qu'il y a de plus destructeur dans les partis actuels, jette à la couronne, à la majorité, aux ministres, ces paroles haineuses : « Pourquoi cette apothéose de la royauté, qui, au temps de ses plus hautes prétentions, n'a jamais *été enivrée de plus folles flatteries ?* »

Mais, en admettant que cela fût ainsi, qui donc en a donné le premier exemple, si ce n'est les amis de M. Duvergier de Hauranne, cachant sous des dehors philosophiques, sous un masque puritain et guindé, la plus humble courtisanerie, sans même parler de M. Persil, dont on connaît les doctrines absolues sur l'étendue infinie de la prérogative royale ? Et voilà qu'aujourd'hui on voudrait condamner à l'inaction et à la nullité un esprit supérieur, dont le grand tort est d'être roi, dont le plus grand tort surtout est d'avoir osé donner un successeur au cabinet du 6 septembre.

Un cabinet peut n'être pas parlementaire par son origine et par ses actes. C'est donc une question de fait, que tout le monde est à même d'apprécier. J'y arriverai dans un moment ; mais, avant de nous occuper du fait, il peut être curieux de voir quelle était à une autre époque l'opinion de M. Duvergier de Hauranne sur la prérogative royale en ce qui concerne la nomination des ministres.

Il s'agissait du ministère nommé en l'absence et sans l'autorisation des chambres, après la retraite volontaire du 23 *février.* On accusait alors, comme aujourd'hui, le cabinet de n'être ni *parlementaire* ni *national :* car il est bon de remarquer que, depuis huit ans, l'opposition n'a pas changé de langage à l'égard du pouvoir, quelles qu'aient été les personnes, depuis MM. Lafitte et C. Périer jusqu'à M. Guizot. Or voici ce que répondait M. Duvergier de Hauranne aux hommes de la coalition d'alors, au sujet de la formation du 6 septembre :

« Le ministère, dit-on, n'est pas parlementaire, parce qu'il a été créé en l'absence des chambres et *sans leur concours.* J'ai la plus haute opinion de la prérogative parlementaire ; mais j'ai en même temps le plus *profond respect* pour une prérogative *non moins sacrée, non moins constitutionnelle, non moins nécessaire.* Or je demande si, dans cette Charte, *si souvent et si mal à propos* citée, il existe un article qui, d'une session à l'autre, confère aux ministres l'inamovibilité et la toute-puissance ; je demande si, lorsque l'opinion royale diffère de l'opinion ministérielle, elle ne reste pas *toujours maîtresse* d'en appeler, soit aux chambres contre le ministère, soit au pays contre les chambres ; et si dans cet acte si *légitime* et si *constitutionnel* il n'est pas *insensé*, il n'est pas *coupable* de voir et de signaler une *prétendue usurpation*. La majorité, dit-on, appartient à l'ancien ministère (celui du 22 *février*) ; mais cette majorité l'avait-elle autorisé à disposer *à son gré, selon son caprice*, de l'or et du sang de la France ? Quand donc des projets, que je ne veux point juger en ce moment, ont été arrêtés, ce sont *nos droits aussi* que le pouvoir royal a défendus, c'est notre prérogative qu'il a *maintenue* et *réservée* (1). »

Je demanderai à M. Duvergier de Hauranne, qui a peut-être oublié ces paroles remarquables de M. Duvergier de Hauranne, alors que ses amis étaient ministres ; je lui demanderai s'il pense de bonne foi que la prérogative qu'il reconnaît à la couronne de nommer un ministère en l'absence des chambres et sans les avoir consultées ne suppose pas une certaine direction de la part de la couronne ; je lui demanderai enfin ce que devient, dans ce cas, la maxime dont il fait tant de bruit à l'heure qu'il est : *Le roi règne et ne gouverne pas.*

N'était-ce pas un peu *gouverner ?* N'était-ce pas, selon la pensée de M. Guizot, *devancer, guider l'opinion publique ?* Était-ce là se traîner à la remorque de la prérogative parlementaire, comme le voudrait aujourd'hui M. Duvergier de Hauranne ? Il est vrai que sa réponse est prête. La couronne était sûre d'avance d'un bill d'indemnité : car il s'agissait du 6 septembre, le seul parlementaire, sans doute, le seul conforme à la majorité sur toutes les questions. Il faut donc examiner le cabinet du 15 avril, lequel a du moins sur celui du 6 septembre, d'après l'opinion actuelle de M. Duvergier de Hauranne, l'avantage d'être né pendant la réunion des chambres.

____

(1) M. Duvergier de Hauranne, ch. des dép., 12 janvier 1837.

Le rejet de la loi de disjonction avait ébranlé fortement le cabinet du 6 septembre, bien que, suivant les conseils de M. Duvergier de Hauranne, on eût déclaré formellement ne vouloir pas faire de ce projet de loi une question de cabinet. Dès la fin de mars 1837, MM. Molé et Guizot s'occupèrent respectivement de recruter des collègues.

Le 4 avril, M. le comte Molé proposa une combinaison à M. Soult avec MM. de Montalivet et Humann; mais M. Humann exigeait le retrait de toutes les lois de finances proposées par M. Duchatel, sans en excepter la loi sur les travaux publics, votée à plus de *cent voix* de majorité. Cette combinaison ne put réussir.

Le 6 avril, M. Guizot fut chargé par le roi de lui présenter les éléments d'un nouveau cabinet. M. le comte Molé exigeait comme condition l'entrée de M. de Montalivet avec le portefeuille de *l'intérieur*. M. Guizot, n'ayant pu s'entendre sur ce point avec M. Molé, eut la pensée de reconstituer le cabinet du 11 *octobre*. Il alla visiter M. Thiers, à qui il offrit le ministère de l'intérieur, se sentant fort du consentement de M. de Broglie, qui devait avoir la présidence avec le portefeuille des affaires étrangères. M. Thiers refusa, prétendant que les *choses étaient changées;* et même il lui annonça qu'il avait contracté alliance avec des personnes appartenant à une nuance différente de celles du 11 octobre et du 6 septembre. Cette combinaison échoua également.

Une autre combinaison fut essayée : c'était un cabinet *tiers parti*, s'appuyant sur la gauche. MM. Thiers, Soult, Humann et Passy, en étaient les principaux membres. Mais, pour le dire en passant, il était difficile d'expliquer la possibilité de cette combinaison, tant admirée du *tiers parti* et du *centre gauche*. Pouvait-elle être conforme à l'esprit de la majorité, puisque, d'un côté, M. Soult réservait la non-intervention, et M. Thiers *l'intervention;* et qu'en outre MM. Humann et Passy réservaient, l'un le *remboursement*, l'autre *l'abandon d'Alger*. Le roi les congédia, après avoir manifesté l'intention de réfléchir sur le nouveau programme, et leur donna rendez-vous pour le lendemain. M. Soult retourna seul aux Tuileries. Après une discussion longue avec le maréchal, le roi lui annonça que le programme proposé par M. Thiers ne lui paraissait pas devoir réunir l'assentiment de la majorité ; qu'en conséquence il ne pouvait l'accepter. M. Soult semblait déjà beaucoup moins insister sur le programme de M. Thiers. S. M. lui ayant alors proposé M. de Montalivet pour collègue à l'intérieur, et M. le comte Molé aux affaires étrangères, M. Soult déclina cette nouvelle ouverture. Ainsi fut encore rompue cette combinaison. M. le comte Molé rassembla alors les éléments d'une combinaison qui fut à peu près celle du 15 avril ; mais les difficultés qui plus tard furent aplanies la rendirent d'abord impossible.

Enfin M. Guizot fut chargé par le roi de former un ministère ; il songea à une combinaison *homogène,* de laquelle faisaient partie MM. Duchatel, Persil, M. le duc de Montebello, etc., et il présenta à S. M. une liste complète dans ce sens.

Mais cette combinaison ayant paru à S. M. de nature à effrayer l'esprit de la majorité, M. le comte Molé fut définitivement chargé de former un ministère sous sa présidence, lequel fut celui du 15 avril.

Il faut voir si réellement cette combinaison manque des conditions essentielles pour être appelée parlementaire. Il n'y avait que deux noms nouveaux dans ce cabinet : c'étaient MM. de Salvandy et Lacave-Laplagne. M. de Montalivet remplaçait M. de Gasparin : ministre pour la quatrième fois depuis sept ans, il reprenait le portefeuille de l'intérieur, où il avait laissé de si honorables souvenirs. Or il est certain que, dans l'origine, M. de Montalivet avait dû être compris dans l'administration du 6 septembre, et que c'était un arrangement convenu, lequel manqua par la seule faute de M. Guizot.

M. Duvergier de Hauranne écrit ou fait écrire aujourd'hui, dans son journal, que l'exclusion de M. de Montalivet a été posée par les doctrinaires comme condition essentielle de leur entrée au pouvoir, à toutes les époques, et notamment à l'époque du 6 septembre. Cette assertion est fausse, en ce qui concerne le 6 septembre. Voici, à ce sujet, des détails d'une incontestable vérité.

Quelques semaines avant la chute du 22 *février*, M. Guizot fit une démarche personnelle auprès de M. de Montalivet, ministre de l'intérieur. Dans une conversation vive et animée, M. Guizot exprimait nettement son opinion sur les choses et sur les personnes, sur M. Thiers, entre autres, qu'il appelait alors le *fléau du pays*. Examinant ensuite l'éventualité fort probable d'un prochain changement de ministère à cause de la question de l'intervention, M. Guizot donnait l'assurance positive à M. de Montalivet que son désir, que celui de ses amis, avait *toujours été* de faire partie d'une administration à laquelle pourrait s'associer M. de Montalivet, dont il savait apprécier le courage, la loyauté, le dévoûment sincère au roi et aux institutions nationales. M. de Montalivet lui exprima à son tour, dans des termes pleins d'effusion et de confiance, combien il s'estimerait heureux d'être appelé à diriger les affaires *avec des hommes forts, avec des hommes sûrs*, tels que M. Guizot et ses amis; il ajouta seulement que, dans le cas où l'on penserait à lui pour une nouvelle combinaison, il n'accepterait d'autre département que celui de l'intérieur. — « C'est bien ainsi que je l'entends, répondit M. Guizot : votre place est à *l'intérieur*, dans tout ministère dont je pourrais un jour faire partie avec vous. »

Aussitôt après la retraite de M. Thiers, le 16 août 1836, S. M. ayant chargé M. le comte Molé de composer un ministère de concours avec M. de Montalivet, M. de Montalivet s'empressa d'envoyer un message à M. Guizot, alors absent de Paris (c'était quelques jours après le banquet de Lisieux), pour lui proposer, au nom du roi, d'entrer dans une nouvelle combinaison, qui fut celle du 6 septembre. Mais pendant l'intervalle de temps qui s'était écoulé depuis l'entrevue de M. de Montalivet avec M. Guizot, les amis de M. Duvergier de Hauranne avaient apparemment circonvenu l'honorable M. Guizot; il avait disposé du portefeuille de l'intérieur pour un autre que M. de Montalivet, prétendant avoir promis en effet de lui réserver une place dans le ministère, mais sans préciser laquelle. Or M. Guizot manquait de mémoire, ou les intrigues de ses amis avaient pu exercer une influence inexplicable sur son caractère plein de franchise et de loyauté. M. de Montalivet refusa tout autre département que celui de l'intérieur, et voilà la seule raison qui dut s'opposer à l'accession de M. de Montalivet dans la combinaison du 6 septembre.

En quoi donc M. de Montalivet, ministre parlementaire à l'époque de la formation du 6 septembre, ne l'était-il plus ensuite? En quoi surtout M. de Gasparin l'était-il davantage?

M. Barthe, l'ancien ministre du 11 *octobre*, reprenait, par dévoûment à la chose publique, ce ministère qu'il avait quitté avec une réputation intacte de probité et de courage.

M. de Salvandy, qui entrait à l'instruction publique, était bien connu de la majorité; on savait qu'il avait été long-temps le collaborateur du plus puissant organe de la politique de résistance, le *Journal des Débats*; il était d'ailleurs l'ami intime de M. Duvergier de Hauranne. Si l'honorable publiciste ne trouve plus M. de Salvandy assez parlementaire aujourd'hui, il faudrait le renvoyer au discours habile et énergique de l'éloquent rapporteur de la loi de disjonction, laquelle n'était guère alors antipathique à M. Duvergier de Hauranne. M. Lacave-Laplagne, M. Martin (du Nord), M. l'amiral Rosamel, M. le général Bernard, n'avaient-ils donc une aussi grande valeur aux yeux de M. Duvergier de Hauranne qu'à la seule condition d'être *encadrés* dans le 6 septembre?

M. Lacave-Laplagne, homme consciencieux et actif, dont la chambre avait su apprécier les connaissances spéciales et approfondies sur les finances, appartenait également à la majorité. Son tort ne serait-il pas de croire la conversion intempestive aujourd'hui, et de penser exactement comme pensaient M. Duvergier de Hauranne et ses amis à l'époque où M. de Broglie donna sa démission?

Le dévoûment de M. Martin (du Nord) aux principes de juillet, sa fermeté et sa modération comme procureur général et comme député, étaient des titres suffisants, sans doute, pour lui concilier les suffrages des amis de M. Duvergier de Hauranne, alors qu'ils gouvernaient. Comment M. Martin (du Nord) a-t-il démérité à ce point de n'être plus parlementaire aujourd'hui? Ont-ils donc oublié cette déclaration du

ministre du commerce, qui disait encore, le lendemain de la
formation du cabinet actuel : « Nous soutiendrons cette politique qui, depuis six ans, a assuré au milieu de tant de difficultés la tranquillité et la force du gouvernement de juillet.
En adoptant une telle politique, nous serons soutenus par vous,
parce que nous ne ferons autre chose que ce que veut le pays. »
Or cette politique était et est encore celle du 13 mars et du
11 octobre, avec l'amnistie de plus.

Quant à M. le général Bernard, qui avait fait partie de
l'ancienne administration, faut-il encore rappeler ce que disait
de lui M. Duvergier de Hauranne, alors que ses amis étaient
ministres, alors qu'on accusait, comme aujourd'hui, le cabinet de n'être pas parlementaire? « J'y vois un brave général
qui, j'en conviens, a le tort grave d'avoir vécu trop long-temps
au milieu d'une république sans devenir ennemi de la monarchie, mais auquel les partis n'ont rien à reprocher (1). »

Enfin, M. le comte Molé, qui continuait de diriger les affaires avec cette habileté, cette convenance parfaite, cette
discrétion qu'il apporte dans toutes ses relations publiques ou
privées, n'est-il pas cet homme d'état que M. Duvergier de
Hauranne recommandait à l'estime de la majorité à une autre
époque, celle où ses amis étaient au pouvoir, lorsqu'il disait,
en montrant le banc des ministres : « J'y vois des hommes
d'état auxquels la confiance publique a, dès le lendemain de
la révolution de juillet, remis le soin de faire respecter la
révolution au dehors et de la consolider au dedans (2) ? » Or
la majorité n'ignore pas plus aujourd'hui qu'à l'époque du 6
septembre que ce fut M. le comte Molé, ministre des affaires étrangères en 1830, qui posa, en termes précis et formels, le principe de la non-intervention (3), base essentielle
de l'attitude qu'allait prendre la France en face de l'Europe,

(1) M. Duvergier de Hauranne, 12 janvier 1837.
(2) *Idem.*
(3) Voyez ce que j'ai dit à ce sujet, d'après des documents officiels,
dans mon dernier ouvrage, *La Royauté de juillet et la Révolution*,
t. 2, p. 649.

et, nécessairement, de la ligne politique qu'on suivrait à l'intérieur.

Tel était donc, quant à son origine, le cabinet du 15 avril, dont l'enfantement fut si long et si pénible, tant les passions et les rivalités personnelles sont, en France, un obstacle à tout progrès en général, et particulièrement au développement rationnel du gouvernement représentatif !

Dans cette circonstance, comme dans beaucoup d'autres, le pays a pu apprécier la modération, la sagesse, la longanimité de la couronne, qui a permis à toutes les volontés, à toutes les manifestations individuelles, de se produire, afin de pouvoir discerner la véritable opinion publique de celle qui usurpe son nom, au risque de laisser long-temps, trop long-temps peut-être, le gouvernement au concours.

De ce qu'on vient de lire il résulte 1° que le cabinet actuel réunit, quant à son origine, toutes les conditions essentielles pour être parlementaire ; 2° qu'il est parlementaire au même titre que celui qui l'a précédé, puisque le personnel est le même, à l'exception de deux noms, M. de Montalivet ayant dû, comme on vient de le voir, faire partie de la précédente administration, et qu'enfin les deux nouveaux ministres, MM. de Salvandy et Lacave-Laplagne, appartenaient à l'ancienne majorité.

Quels sont maintenant les actes du cabinet, dès le lendemain même de son installation jusque aujourd'hui ? Quels sont les conseils donnés à la couronne par ceux qu'on prétend sans influence, sans volonté personnelle, sans autorité parlementaire, et qu'on repousse à cause de cela ?

Il est vrai qu'il a donné l'amnistie, dont ne voulaient guère les politiques du 22 *février* ni ceux du 6 *septembre*, et en même temps effacé les traces de nos guerres civiles, en ouvrant les prisons, en ordonnant la restauration des églises, en relevant les ruines sur lesquelles, pendant plus de six ans, M. Duvergier de Hauranne et ses amis s'étaient contentés de verser des pleurs stériles. Et M. Barthe s'est associé avec un louable empressement à cette pensée de paix et de conciliation, dont on a depuis apprécié les salutaires conséquences.

Il est vrai encore que ce cabinet a su faire triompher le drapeau national sur la terre d'Afrique, où les fausses mesures des amis de M. Duvergier de Hauranne avaient pu compromettre l'honneur et la vie de nos soldats ; et il a conservé définitivement pour la France cette conquête féconde, dont certains politiques, entre autres M. Duvergier de Hauranne et ses amis, demandaient hautement l'abandon, l'appelant une *plaie funeste léguée* à la France par la restauration.

Il est vrai aussi que, grâce à l'habileté et à l'influence personnelle de M. le comte Molé, le chef de ce cabinet, de nobles mariages ont pu se conclure pour les enfants de France, dernier démenti donné aux détracteurs de la révolution de juillet; précieux résultat, devant lequel avaient échoué les efforts du 22 février et de tous les cabinets prédécesseurs du 15 avril !

Il est vrai qu'il a dissout la chambre élective *naturellement, régulièrement,* et il a su rallier, par sa modération, cette majorité au sein de laquelle les amis de M. Duvergier de Hauranne avaient soulevé trop souvent de fâcheuses dissidences.

Il est vrai enfin que, dans une circonstance solennelle, il a eu l'heureuse inspiration de choisir, pour r eprésentant de la France près d'une cour étrangère, un vieux guerrier qui ne passait guère pour être des amis de M. Duvergier de Hauranne, et qui même les avait traités assez durement le jour où ils étaient allés lui offrir un portefeuille, à la condition de partager le gouvernement avec eux.

Voilà des faits, voilà des actes dont les prédécesseurs du 15 avril ne se seraient peut-être pas rendus coupables.

M. Duvergier de Hauranne voudrait-il en attribuer l'initiative à la couronne, qui, selon lui, a la prétention de diriger les affaires ? Soit; mais la France en sera-t-elle pour cela moins reconnaissante ?

Plus on examine les actes du cabinet, soit à l'intérieur, soit à l'extérieur, moins on comprend à quel titre il manque des conditions essentielles pour être appelé parlementaire, surtout quand on le compare à son prédécesseur.

Mais sur quelles questions graves la majorité a-t-elle fait

défaut au cabinet? Parlerai-je de la question de l'intervention ,
terrain brûlant sur lequel on a vu l'humeur belliqueuse de M.
Thiers amener à plusieurs reprises la majorité , qui, par un
vote éclant en faveur du ministère, a témoigné de sa répu-
gnance pour les idées de M. Thiers? Aujourd'hui , à ce qu'il
paraît, les opinions de certaines personnes se seraient modi-
fiées à cet égard. On croirait possible aujourd'hui ce qu'on re-
poussait il y a deux ans avec indignation , en soutenant « que
l'intervention engagerait le pays dans une immense entreprise,
dont le pays ensuite *ne pourrait plus se retirer avec honneur* (1). » Eh bien, la coalition se trompe si elle croit que la
majorité la suivra dans toutes les phases de sa politique féconde en palinodies. Une majorité imposante a protesté et
protestera encore, s'il y a lieu, contre l'ardeur belliqueuse
des coalisés , quelle que soit leur bannière.

Le vote des fonds secrets était un vote de confiance dont le
ministère avait fait une question de cabinet. « Lorsqu'il s'agit
de fonds dont on ne rend pas compte, disait le président du
conseil, M. le comte Molé , il faut en poser le chiffre scrupu-
leusement, et se rendre à soi-même un compte sévère de
l'emploi des fonds. Je regarderai toute réduction comme un
refus de confiance de votre part : *c'est à vous de porter votre
arrêt.* » Et la majorité, favorable à ce vote de confiance demandé en termes si nobles et si pleins de franchise, fut de 116 voix.

Dira-t-on que le cabinet a été vaincu sur la question de la
conversion, dont le principe a été d'abord accepté par lui,
mais l'opportunité niée en fait? Fallait-il que le cabinet se re-
tirât devant l'opinion qu'on connaissait d'avance à la majorité,
à tort ou à raison? N'était-ce qu'à cette condition seule qu'il
eût prouvé son attachement au principe constitutionnel? Mais
les amis de M. Duvergier de Hauranne oublient trop facilement le passé; il faut donc le leur rappeler encore. Eh bien ,
quelle a été leur attitude le lendemain du rejet de la loi de disjonction, question bien autrement sérieuse qu'une question de
finances, sur laquelle d'ailleurs les opinions sont aussi divi-

(1) M. Duvergier de Hauranne , ch. des dép., 12 janvier 1837.

sées au dehors qu'au dedans du parlement? Ont-ils donné leur démission en masse? Nullement. Ils ont appelé dans leurs journaux le vote de la majorité *une surprise;* ils n'ont pas cru devoir se laisser décourager par *quelques dégoûts,* suivant le conseil que donnait alors, non sans raison, M. Duvergier de Hauranne.

Faut-il parler de la question des chemins de fer, question déplorable, sur laquelle malheureusement les faits se sont chargés de donner une leçon à tous les partis? Si quelque reproche pouvait être fait au ministère, ce serait d'avoir pris pour l'expression de la pensée publique les manifestes imprudents ou perfides des oppositions coalisées, sur le monopole prétendu que le gouvernement voulait se réserver par le projet de loi. S'il avait persisté dans le système qu'il croyait juste, bien des désastres pouvaient être évités au pays, qui doit aujourd'hui des remercîments sincères à M. Duvergier de Hauranne et à la coalition. En présence de tout le mal déjà fait au commerce et l'industrie dans la déroute des chemins de fer, on ne peut que remercier la pairie d'avoir usé de sa prérogative pour repousser la conversion des rentes. Elle a du moins sauvé bien des fortunes particulières, que l'occasion du remboursement aurait poussées infailliblement dans l'abyme des spéculations et de l'agiotage.

Passons en revue quelques autres actes du cabinet actuel, qui ont encouru le blâme de M. Duvergier de Hauranne et de ses amis.

Le procès porté devant la chambre des pairs contre la brochure du prête-nom de M. Louis Bonaparte a été appelé une fausse mesure, une imprudence coupable. C'est-à-dire qu'on soutient aujourd'hui la doctrine du *laisser faire,* contre laquelle se sont irrités si fort les amis de M. Duvergier de Hauranne à une autre époque. Il fallait, n'est-ce pas, faire semblant d'ignorer l'existence du manifeste d'un prétendant qui appelait les soldats à la révolte, quand ce manifeste était répandu à profusion dans toutes les casernes!

Mais M. Duvergier de Hauranne et ses amis manquent encore de mémoire; ils oublient leurs déclamations passées con-

tre les hommes pervers « qui travaillent incessamment à sé-
duire, à ébranler, à corrompre l'armée, cette armée que les
partis traitaient si mal naguère, et qu'ils ne flattent aujourd'hui
que dans l'espoir mal fondé de lui faire oublier ses devoirs et
trahir ses serments (1). »

Il fallait du moins laisser la connaissance de ce fait à l'appréciation du jury. Mais ils ne se souviennent plus de leur colère d'autrefois, lors du scandaleux acquittement de Stras-
bourg ; ils oublient les récriminations consciencieuses de leurs
journaux contre certains membres du cabinet du 6 septembre,
coupables d'imprudence à leurs yeux pour n'avoir pas saisi la
chambre des pairs d'un attentat contre le roi et les institutions.

Ils ont aussi blâmé la demande d'expulsion de M. Louis
Bonaparte formée par le cabinet devant le gouvernement fédé-
ral ; ils se sont faits, avec toute l'opposition, Franco-Thurgo-
viens contre le cabinet.

Mais ne se souviennent-ils plus de l'affaire Conseil ? Que
pensaient-ils alors du blocus helvétique ? Témoignaient-ils
alors une si grande sollicitude pour les États confédérés ?
N'ont-ils pas gourmandé souvent la prudence du président du
conseil, M. le comte Molé, qui, malgré eux, a su terminer,
à la gloire et à l'honneur de la France, un fâcheux différend
légué au ministère du 6 septembre par le cabinet dont M. Thiers
était le chef ?

Ils ont reproché au pouvoir l'application des lois de septembre, cette législation autrefois si *salutaire* à leurs yeux ; ils
ont dit « qu'ils n'hésiteraient pas à en demander le rappel si
on les appliquait *contre eux et leurs amis.* » Mais ils manquent toujours de mémoire ; ils oublient les innombrables procès intentés à la presse en leur nom, alors qu'ils soutenaient
la maxime : « Qui veut la fin veut les moyens. » Et pourquoi
les mesures seraient-elles différentes, s'ils font aujourd'hui
exactement la même chose que ceux contre qui ils les avaient
primitivement provoquées ? Quoi ! la reconnaissance pour le
passé devra absoudre le présent et l'avenir ? Singulière logique !

(1) M. Duvergier de Hauranne, ch. des dép., 25 avril 1837.

M. Duvergier de Hauranne accuse le cabinet actuel de corruption; il condamne, sans preuves, l'emploi supposé de certains fonds. Mais cette accusation n'est pas nouvelle, et les mêmes reproches avaient été adressés aux amis de M. Duvergier de Hauranne à une autre époque. Sans doute, je veux le croire, M. Duvergier de Hauranne aurait blâmé le fait s'il en eût eu connaissance, alors que ses amis gouvernaient; mais certaines explications à cet égard n'ont-elles pas été données depuis, dans le sein même de la chambre? A-t-on vu M. Duvergier de Hauranne s'indigner si fort contre un passé coupable? M. Duvergier de Hauranne a gardé le silence. Serait-ce donc que la seule présence des amis de M. Duvergier de Hauranne au pouvoir sanctifiât un usage impur?

Le cabinet actuel est sans volonté, sans pensée personnelle; il est servile. Mais quelle preuve en donnez-vous? Quelle preuve pouvez-vous en donner? Avez-vous assisté au conseil? Avez-vous écouté derrière une porte les discussions de chaque jour entre le prince et les conseillers de la couronne sur toutes les questions intérieures ou extérieures? En quoi donc ce ministère est-il moins libre que ceux qui l'ont précédé? Quand vos amis avaient l'honneur d'être conseillers du roi, est-ce qu'il y eut jamais dans leurs relations avec la couronne cette superbe contenance dont vous faites tant de bruit à l'heure qu'il est? Disiez-vous alors à la couronne plus qu'aujourd'hui ce que vous appelez de *dures vérités?* Parliez-vous ce langage si fier, qui vous relève si haut aux yeux de l'opposition? Enfin les ministres d'autrefois étaient-ils moins d'accord avec le roi que les ministres d'aujourd'hui? Non; Dieu merci, à toutes les époques, depuis le 13 mars, il y a toujours eu harmonie entre la couronne et ses ministres. La seule différence est peut-être qu'aujourd'hui la couronne n'est plus *forcée* d'intervenir pour de misérables querelles d'intérieur, comme cela est arrivé trop souvent à certaines époques de rivalités personnelles entre les membres du conseil.

Dans tous les griefs soulevés contre le cabinet actuel, qui n'a fait que continuer l'œuvre du 13 mars et du 11 octobre, moins l'irritation des esprits et les querelles de personnes, il n'en est pas un seul qu'on n'ait reproché exactement dans les mêmes termes à tous les cabinets passés et à leurs chefs, quels qu'ils fussent, à C. Périer, à MM. Thiers, Guizot, de Broglie; et il en sera peut-être ainsi pour tous les cabinets à venir, dans ce pays où l'ironie et l'opposition sur toutes choses semblent être un besoin général. M. Duvergier de Hauranne, enfin, n'a eu d'autre peine que celle de ramasser toutes les injures qui s'adressaient à lui et à ses amis pendant sept ans, pour les jeter à la face de ses ennemis du 15 avril. C'est là un triste rôle, et qui n'est digne ni du talent ni du caractère de M. Duvergier de Hauranne ; pour quelque peu d'encens d'une douteuse popularité, il a compromis son avenir politique, et il n'a pas vu qu'il se faisait bien plus de tort à lui-même et à son parti qu'à ceux dont il a juré la perte.

Ainsi, par son origine et par ses actes, le cabinet du 15 avril a été identique à tous les ministères précédents. Il est parlementaire comme eux, et peut-être plus qu'eux, car il a eu l'honneur d'accomplir deux grandes choses, plus grandes que tout ce qui s'est fait depuis huit ans, l'amnistie et la conciliation des partis. Il a rendu la liberté au roi, sans pour cela renoncer aux mesures nécessaires pour la sûreté d'une vie chère à tous les Français. Il n'a pas fait dire par ses journaux, comme le faisaient les amis de M. Duvergier de Hauranne à une certaine époque, que « la royauté peut suffire à tous les besoins, et annuler ou suppléer les autres pouvoirs » ; mais il a dit, et il s'en fait honneur, que dans le système constitutionnel la royauté est un pouvoir égal aux deux autres, et non moins représentatif que chacun d'eux ; que, dans la direction générale et progressive des intérêts de tous, une influence morale est incontestablement attribuée par la constitution à celui qui résume en lui l'unité gouvernementale, à plus forte raison quand cette influence est justifiée par des qualités personnelles supérieures, que semblent jalouser certains parlementaires d'aujourd'hui, voulant réduire le souverain à être le seul de son royaume qui n'ait pas le droit de donner son avis sur les affaires.

Je viens d'examiner, d'une part, la nature et l'essence de la monarchie représentative, telle qu'elle a été formulée par la charte ; de l'autre , l'état réel des choses , en ce qui concerne les actes de la prérogative royale , qui tous ont été réguliers, constitutionnels, dans le fond et dans la forme. Il faut voir maintenant quelle a été , à l'égard de la prérogative royale, l'attitude de certains parlementaires , qui se vantent pourtant d'être seuls fidèles à la vérité du gouvernement des trois pouvoirs.

§ III. — LES PERSONNES.

M. DUVERGIER DE HAURANNE ET LA COALITION.

« Le gouvernement représentatif n'existe dans sa toute-puissance qu'à une condition : c'est que dans la chambre élective les opinions se classent d'après certains rapports généraux, devant lesquels s'effacent les dissidences *secondaires ;* c'est qu'il se forme ainsi une majorité et une minorité , liées par des principes communs, marchant d'un côté comme d'un autre avec ensemble vers un but clairement défini..... Mais supposez qu'il en soit autrement ; supposez que chez *quelques uns l'amour-propre blessé* et *l'ambition déçue* fassent oublier l'intérêt d'une cause commune, et que, par degrés, *l'esprit de côterie* se substitue à l'esprit d'association..... Dans ce cas, dit l'honorable M. Duvergier de Hauranne, il n'est permis ni aux majorités de se laisser *dissoudre* par de légères dissidences, ni aux ministres de se laisser *troubler* par quelques *surprises,* ni décourager par quelques *dégoûts* (1). »

Il est vrai de dire qu'à l'époque où M. Duvergier de Hauranne endoctrinait en ces termes la majorité, la minorité et le ministère, ses amis étaient au pouvoir, ce qui explique bien des choses ; mais il conviendra franchement que les paroles du maître sont parfaitement applicables au temps présent. Ne sont-elles pas en effet la satire complète et formelle de la conduite suivie par M. Duvergier de Hauranne et ses amis depuis que le gouvernement du roi porte la date du 15 avril au lieu de celle du 6 septembre ? Ce que M. Duvergier de

______

(1) M. Duvergier de Hauranne, ch. des dép., 12 janvier 1837.

Hauranne blâmait il y a deux ans a-t-il cessé d'être blâmable aujourd'hui parce que les noms sont changés? Et d'autre part, les conseils salutaires qu'il donnait à la majorité et au pouvoir sont-ils hors de saison aujourd'hui parce que M. Duvergier de Hauranne a passé dans le camp opposé? Si cela est ainsi, n'en faudrait-il pas conclure qu'il y a pour certaines gens deux manières de comprendre la politique, l'une quand on est au pouvoir, et l'autre quand on en est dehors?

M. Duvergier de Hauranne dénonce à l'opinion publique ceux qui oublient l'intérêt d'une cause commune pour satisfaire un intérêt personnel.

Mais qui donc, depuis deux ans, et aujourd'hui surtout, a fait tous ses efforts pour porter le trouble et la désunion dans le sein de la majorité, jusque là si ferme, si unie, si identique à elle-même sur toutes les questions générales, afin qu'elle cesse de marcher vers un but clairement défini, à savoir l'accomplissement paisible et régulier des promesses de la Charte?

Qui donc, au dedans et au dehors du parlement, a semé à plaisir de fâcheuses dissidences, heureusement très *secondaires*, grâce au peu de crédit politique actuel de M. Duvergier de Hauranne et ses amis? Qui a prétendu rompre l'unité et l'équilibre des pouvoirs politiques, en voulant attribuer une prépondérance exorbitante à l'un d'eux aux dépens des autres, et cela sans motif légitime, sans qu'il y ait la moindre trace de conflit entre les corps de l'état? Qui, si ce n'est M. Duvergier de Hauranne et ses amis?

Et qui encore a tenté perfidement de réveiller les forces épuisées d'une minorité jusque là toujours impuissante par les idées comme par le nombre? Qui n'a pas craint de désavouer hautement les sympathies de la majorité, pour aller sans scrupule vers cette minorité qu'on avait si fort méprisée pendant sept ans? Qui, après avoir mis la main volontairement à toutes les mesures conservatrices à l'égard de la couronne, a fait ensuite à la couronne une guerre déloyale, l'accusant de trahison parce qu'elle n'a pas voulu prendre pour conseillers ceux qu'elle soupçonnait, à tort ou à raison, n'avoir pas l'assentiment de la majorité? Qui, enfin, après avoir parlé à la tri-

bune dans un sens sur certaines questions graves, a porté dans
l'urne du scrutin une boule contraire, dans le seul but de renverser un cabinet? Qui a fait tout cela, si ce n'est M. Duvergier de Hauranne et ses amis? Et comment qualifier cette conduite? Quelle est cette conduite, si ce n'est celle d'*ambitieux*,
comme le dit M. Duvergier de Hauranne, chez qui l'*amour-
propre blessé* a pu substituer l'esprit de *coterie* à l'esprit
d'association dans un intérêt national, lequel était celui de la
majorité?

Dans le discours remarquable que je viens de citer, M. Duvergier de Hauranne donne des conseils à la majorité et au
pouvoir. La majorité, il lui défend de se laisser *dissoudre*
par de légères dissidences, ni troubler par quelques surprises possibles; le pouvoir, il lui défend de se laisser décourager par quelques dégoûts; et certes, pendant l'année qui vient
de s'écouler, ce ne sont ni les surprises ni les dégoûts qui ont
manqué, ni les personnalités ni les injures venues de ceux-là
mêmes qui, il y a deux ans, adressaient les mêmes reproches
aux partis coalisés contre eux. Faudra-t-il donc que la majorité
et les ministres courbent la tête sous l'anathème lancé par M.
Duvergier de Hauranne le lendemain du jour où ses amis ne
sont plus au pouvoir? ou bien devront-ils résister, comme le
conseillait M. Duvergier de Hauranne, aux manœuvres d'une
coterie parfaitement démasquée par le publiciste d'un autre
époque? Faudra-t-il que la majorité s'avoue aujourd'hui *divisée,
tiraillée, incertaine*, jetant dans l'urne du scrutin, *selon son
caprice de chaque jour*, une boule blanche ou noire, comme
le dit M. Duvergier de Hauranne en 1838? Les ministres dé-
poseront-ils leurs portefeuilles aux pieds de M. Duvergier de
Hauranne? ou bien devront-ils se prémunir tous également,
aujourd'hui comme il y a deux ans, contre les surprises possibles, contre les dégoûts de chaque jour, comme le conseillait M. Duvergier de Hauranne la veille même de la chute du 6
septembre? M. Duvergier de Hauranne n'espère pas sans doute
que le pouvoir faiblira en présence des circonstances actuelles,
car il aurait succombé « non sous les efforts simultanés d'une
minorité devenue majorité, mais *sous les coups épars de huit*

*ou dix petites fractions venues de divers côtés, agissant
chacune pour son compte, et prêtes, le lendemain de la
victoire, à s'en disputer entre elles les profits* (1). »

Le cabinet devra donc attendre de pied ferme M. Duvergier de Hauranne et la coalition ; il se présentera avec confiance devant le parlement ; il sommera M. Duvergier de Hauranne de s'expliquer en formulant à la tribune ses griefs légitimes contre une administration qu'il n'avait pas traitée d'abord si sévèrement, comme on va voir, dans la conviction profonde où il était sans doute que les portefeuilles tomberaient naturellement des mains du *petit ministère* dans celles de ses amis : car c'est une chose curieuse à suivre que les différentes phases par lesquelles est passé M. Duvergier de Hauranne depuis le 15 avril jusque aujourd'hui. Pour qui connaît intimement certaines choses, cette conduite ne paraît pas toujours ni très courageuse ni très régulière.

Il est bon de connaître quelle a été d'abord l'attitude politique de M. Duvergier et de ses amis dès le lendemain de la chute du 6 septembre. C'est une phase de protection, de tutelle accordée provisoirement au petit ministère, mais non par désintéressement, comme on l'a voulu faire croire. On n'avait pas dit adieu encore au pouvoir définitivement ; on espérait s'y glisser furtivement en ménageant les choses pour se substituer par degrés aux personnes. Voici en quels termes on s'exprimait à la chambre sur ce cabinet, devenu plus tard et tout à coup anti-parlementaire : « Depuis la présentation du projet de loi (sur les fonds secrets), un ministère est tombé qui avait toute notre confiance, un autre s'est formé *dont les bonnes intentions ne sauraient être en doute,* et à qui nous souhaitons l'esprit de suite et de fermeté sans lequel il nous paraît impossible de gouverner aujourd'hui. Jamais en effet ne fut plus nécessaire le maintien de la politique du 13 *mars* et du 11 *octobre,* de cette politique ferme, modérée, conservatrice et libérale à la fois. Ce dont le pays a surtout besoin, c'est d'un pouvoir dont l'attitude, ferme et digne, ras-

(1) M. Duvergier de Hauranne, ch. des dép., 12 janvier 1837.

sure et encourage les amis du gouvernement, et *intimide* et contienne ses ennemis (Rires ironiques au centre gauche.); d'un pouvoir, enfin, au sein duquel les pouvoirs secondaires viennent puiser le courage et l'énergie nécessaires pour se mettre au dessus des *clameurs des partis*. Nous désirons ardemment que tel soit le nouveau ministère, et, à ces conditions, nous sommes prêt à lui donner *notre sincère appui. En attendant...* (Rires au centre gauche.), *sans rien changer* aux déterminations prises avant la formation du cabinet actuel, nous vous proposons l'adoption *pure* et *simple* du projet de loi (1). »

Or l'amnistie avait été prononcée ; l'œuvre de conciliation avait déjà porté ses fruits, au grand déplaisir de ceux qui ne pouvaient guère conserver d'importance qu'à la faveur de l'irritation des esprits. Dès qu'on s'aperçut que le cabinet ne se hâtait pas sitôt de mourir, on commença à lui faire une guerre sournoise dans la chambre et dans les journaux. On s'éloigna peu à peu d'alliés suspects qui prenaient au sérieux leur entrée au conseil. Ce fut pendant cette seconde période que M. Duvergier de Hauranne se fit le collaborateur ardent et infatigable du *Journal de Paris*. C'est à sa plume qu'étaient dus les articles violents et acrimonieux contre certains personnages haut placés (2); et, s'il arrivait qu'un membre du ministère lui demandât à la chambre ou ailleurs certaines explications fondées sur les relations connues de M. Duvergier de Hauranne avec la feuille que je viens de citer, il ne se faisait pas faute de les désavouer.

Mais c'était l'amnistie qu'il poursuivait surtout de toute l'énergie de sa colère et de son fiel, et il l'attaquait sans cesse et sous toutes les formes possibles.

Dans une discussion à la chambre des pairs relative à la gendarmerie du royaume, M. de Montalivet avait prononcé les

(1) M. Duvergier de Hauranne, ch. des dép., 25 avril 1837.

(2) Un entre autres du 28 mai 1837 *sur les antécédents* de M. le président du conseil, dont on faisait l'éloge le 12 janvier précédent, à l'époque du ministère du 6 septembre.

paroles suivantes : « Puisque j'ai parlé d'une grande mesure prise récemment, l'amnistie, qu'il me soit permis de dire que cette mesure est excellente pour tout le monde, excepté pour ceux qui sont obligés de veiller sur la tranquillité publique, excepté pour le ministre de l'intérieur. » Et quoi de plus sensé que ce langage? N'était-il pas conforme aux principes d'une administration prévoyante? n'était-il pas d'ailleurs en harmonie avec les termes mêmes de l'amnistie : « Le pouvoir reste armé des lois *salutaires* qui ont sauvé la France? » Eh bien, M. Duvergier de Hauranne, qui n'a voulu de l'amnistie à aucune époque, se servait des paroles de M. de Montalivet comme d'une arme contre l'amnistie accordée par le roi. Il plaisantait agréablement sur les résultats *déplorables* et infaillibles d'un acte généreux émané volontairement de la prérogative royale : « Qu'est-ce à dire, écrivait-il dans le *Journal de Paris* (22 mai 1837), l'amnistie compromet donc la tranquillité publique? elle trouble donc l'ordre au lieu de le rétablir? En conseillant cette mesure, vous avez donc eu en vue non l'intérêt public, mais une satisfaction de parti et une popularité passagère? » Cette mesure était, selon lui, « un événement dont ceux qui l'ont voulue n'ont pas compris toute la portée. Le jour où le système de résistance est si légèrement abandonné, nous déclarons, écrivait-il (11 mai 1837), que ce système est fini? Et sur ce point, nous sommes parfaitement d'accord avec le *Courrier français*, qui, dans l'ordonnance du 9 mai, a vu *l'abrogation des lois de septembre*. L'avenir montrera (15 mai 1837) ce qu'on aura gagné à abandonner avec tant de légèreté les principes qui ont fait jusqu'ici la force du parti conservateur, et à déserter le poste que ce parti avait, pendant six ans, courageusement défendu et fortifié. »

Or M. Duvergier de Hauranne est aujourd'hui le rédacteur en chef, le collaborateur actif du *Journal général de France*, qui disait dernièrement « Que si le pouvoir appliquait la législation de septembre à ses amis, il n'hésiterait pas à en demander le rappel. » Ce qu'on vient de lire prouve donc, d'une part, que les prophéties de M. Duvergier de Hauranne ne sont pas infaillibles, et de l'autre, que le prophète ne prend guère au sérieux lui-même ce qu'il annonce., puisque tout ce qu'il écrit à l'heure qu'il est., à commencer par sa dernière brochure., est le contrepied de ce qu'il a dit et écrit jusqu'à l'avénement du cabinet actuel.

J'arrive à la troisième période. La dissolution était imminente ; on allait affronter les colléges électoraux, et les suffrages de cette administration si peu parlementaire n'étaient pas encore à dédaigner. On songe alors à se rapprocher du pouvoir : M. Duvergier de Hauranne apporte lui-même le mot d'ordre au *Journal de Paris*. Il conseille la réserve, la mansuétude., à l'égard du cabinet. C'est une suspension d'armes. Plus de politique irritante. Il fallait, disait-il, se réunir contre *l'ennemi commun*, qui était alors *M. Thiers avec ses amis.* « Nous cesserons, à dater de ce jour, écrivait M. Duvergier de Hauranne, une polémique devenue inutile (1)... »

Comme il faut vaincre à tout prix dans les élections, on se présente comme ami d'une administration qu'on avait attaquée avec violence alors qu'on ne croyait pas à la dissolution ; on lui fait même les avances les plus flatteuses. Voici comment répond le député-journaliste au *Constitutionnel*, qui manifestait la crainte que le ministère, dans les prochaines élections, ne se montrât plus favorable aux membres de l'ancienne majorité qu'aux amis de M. Odilon-Barrot :

« Veut-on qu'un ministère dont tous les membres, à une seule exception près, se sont associés pendant six ans à la politique qui a sauvé le pays, vienne aujourd'hui combattre ceux qui ont appuyé cette politique et appuyer ceux qui l'ont combattue ? Veut-on que MM. de Montalivet et Barthe, collègues de M. Périer ; M. Martin (du Nord), procureur général près la cour des pairs lors du procès d'avril, et M. de Salvandy, fassent aujourd'hui volte-face, et que ceux auxquels le pouvoir est confié déclarent la guerre *aux amis constants du pouvoir*, et donnent au pays étonné le spectacle de la plus honteuse des apostasies ? Pour notre part, nous n'avons jamais été si sévères pour le ministère du 15 avril. Nous sommes

____

(1) *Journal de Paris*, 10 août 1837.

— 48 —

convaincus, au contraire, qu'il sera enclin à appuyer *presque tous* les membres de l'ancienne majorité (1). »

M. Duvergier de Hauranne a depuis accusé le pouvoir d'avoir influencé les élections dans l'intérêt de ses amis. Or voici quelle était à cet égard la théorie du publiciste avant les élections : « Diverses opinions se combattent dans un pays, qui, au moment des élections, font tous leurs efforts pour s'emparer de la majorité et pour parvenir au pouvoir. Cela est parfaitement légitime, et nous trouvons fort simple et fort bon que chacune de ces opinions s'organise de son mieux et cherche à recruter des partisans. Or l'opinion qui gouverne et l'opinion qui veut gouverner n'ont point et ne *peuvent avoir les mêmes moyens d'action*. Quand on est de l'opposition, on sait qu'on ne peut compter que sur soi-même, et l'on se conduit en conséquence ; quand on est *du parti du gouvernement, on s'attend à être aidé du gouvernement*, et, si on ne l'était pas, on se croirait abandonné. De là, pour le gouvernement, la nécessité de déployer lui-même son drapeau ; de là, pour l'administration, l'obligation d'avoir, comme l'opposition, *ses candidats*, et de *les soutenir* (2). »

Or l'administration du 15 avril n'a que trop bien soutenu ses candidats, à ce qu'il paraît : de là, sans doute, la mauvaise humeur de M. Duvergier de Hauranne.

M. Duvergier de Hauranne est aujourd'hui l'un des chefs les plus dévoués et les plus actifs de la coalition. Il ne peut exclure du pacte d'alliance le *tiers parti*, l'une de « ces petites fractions, comme il disait à une autre époque, venues de tous côtés, agissant chacune pour son compte, et prêtes, le lendemain de la victoire, à s'en disputer entre elles les profits. » Le *tiers parti* est nécessaire à M. Duvergier de Hauranne pour renverser. Eh bien, voici comment l'honorable publiciste s'exprimait sur son compte, dans le *Journal de Paris*, la veille des élections dernières (15 août 1837) : « Exclure le *tiers parti* ce n'est point anéantir l'ancienne majorité ; c'est la reconsti-

(1) *Journal de Paris*, 20 août 1837.
(2) *Idem*.

tuer. Pour le démontrer il suffit de rappeler quelques faits...
Dès 1833 quelques membres de la majorité, M. Dupin en
tête, avaient commencé à mettre en usage les facultés dissolvantes qu'ils ont déployées depuis avec tant de succès, et le
tiers parti s'était à peu près constitué, mais secrètement,
honteusement, et en rougissant de lui-même. Il avait réussi
quelquefois à harceler le gouvernement, jamais à le désorga-
niser... »

M. Duvergier de Hauranne parle ensuite de l'adresse de
1834, « arrachée par MM. Dupin et Etienne à l'inattention ou
à la lassitude de la chambre; mais, six mois après, le parti
conservateur sentit la nécessité de réparer sa faute et de donner *une leçon aux intrigants*. Il y parvint à peu près par
l'ordre du jour motivé. Depuis ce moment le *tiers parti*, con-
vaincu de sa faiblesse, n'eut plus qu'une pensée, *diviser la
majorité afin de la briser*. Mais comme entre deux hommes
d'état puissants il existait des différences, non pas d'opinion
alors, mais d'origine et de caractères, on sentit que c'était là
qu'il fallait frapper.... Et après avoir, de 1834 à 1836, inventé
une nuance entre M. Guizot et M. Thiers, le *tiers parti* trou-
va moyen, en 1837, d'en imaginer une nouvelle entre M. Thiers
et M. O.-Barrot. De là le désordre des opinions et des votes
qui ont signalé toute la dernière partie de la session. En résu-
mé, la majorité, depuis l'adresse de 1834, *n'a point d'ennemi plus dangereux et plus funeste que le tiers parti ;* il lui
eût fait cent fois moins de mal en se réunissant ouvertement à
l'opposition. Exclure le *tiers parti*, c'est donc reconstituer
l'ancienne majorité ; c'est aussi rendre au gouvernement représentatif sa vérité et sa dignité. »

Si, après une profession de foi aussi nette et aussi catégo-
rique à l'égard du *tiers parti*, cette fraction consent encore à
marcher sous la bannière de M. Duvergier de Hauranne, il
faut que la soif de renverser soit bien ardente, à ce point de
faire pardonner tant de personnalités et tant d'injures.

Les élections s'accomplissent ; plusieurs des amis de M. Duvergier restent sur le champ de bataille, bien qu'ayant courageusement renié leurs principes en face des colléges électo-

raux. Alors on n'a plus la parole si haute ; plus que jamais on essaie de se rapprocher du pouvoir ; on imagine *le mariage de raison*, quatrième période de l'histoire politique de M. Duvergier de Hauranne depuis le 15 avril. Mais le divorce est bientôt prononcé par incomptabilité d'humeur, comme on sait.

Enfin, on s'aperçoit que, grâce à l'amnistie, grâce à la modération du pouvoir, les partis s'apaisent, que le cabinet pourrait bien, après tout, se passer de la protection de M. Duvergier de Hauranne, et qu'il se promet bien de vivre sans lui et malgré lui. En désespoir de cause, on tend les bras à la coalition ; on fait des articles dans *le Journal général de France*, comme on en avait fait dans le *Journal de Paris*, et toujours en gardant l'anonyme ; on accepte toutes sortes d'alliances à la condition de renverser ; on fait une opposition systématique contre le pouvoir ; toutes les mesures proposées par le cabinet sont attaquées quand même à la tribune et dans les journaux, et par cela seul qu'elles sont proposées par lui.

La conversion, qu'on avait toujours repoussée, soit en fait, soit en droit, on la déclare opportune ; on vote pour la conversion.

La loi sur *l'état-major*, qu'à une autre époque on aurait rejetée comme étant un empiétement funeste de la chambre élective sur la prérogative royale, elle est votée par acclamation, afin de se venger de la couronne.

Le projet de loi sur les chemins de fer, qui réservait au gouvernement les lignes principales, était un moyen de prospérité et en même temps de sécurité offert à l'industrie et au commerce, en combinant les chemins de fer avec de grandes lignes de canaux, avec le perfectionnement des ports et l'amélioration du système de routes : on vote avec enthousiasme contre le projet du gouvernement, à qui on ne veut pas laisser le mérite d'accomplir une sage mesure ; et M. Duvergier de Hauranne a le triste honneur de se rencontrer un jour, pour consommer la ruine publique, avec MM. O.-Barrot, Arago et Berryer, c'est-à-dire avec ceux qui comprennent le moins les intérêts nationaux.

Voilà donc quels ont été jusqu'ici les nobles résultats d'une

querelle de personnes! Voilà où ont abouti les glorieuses expéditions de quelques parlementaires mécontents par envie,
ameutés contre l'un des trois pouvoirs, si ce n'est deux!

Or, M. Duvergier de Hauranne s'abuse s'il croit qu'une coalition, toujours impuissante contre les choses depuis huit ans,
aura plus d'efficacité demain parce que certaines personnes
ont changé de drapeau, essayant de faire pencher la balance
en se portant aujourd'hui là où, jusqu'à la chute de leurs amis,
elles ne trouvaient que répulsion et antipathie.

Les coalitions de partis ne profitent jamais à aucune des o-
pinions coalisées. En effet, qu'a produit la coalition du *compte rendu?* Elle a amené les sanglantes journées de juin. Qu'a
produit la coalition de 1834? Une adresse amphibologique,
laquelle a amené l'épisode inqualifiable du ministère des *trois
jours.* Ainsi, perturbation et anarchie, ou ridicule impuissance, telles sont les conséquences inévitables de toute ligue,
manquant toujours nécessairement d'unité de vues et de principes communs; à plus forte raison quand cette ligue n'est
qu'une coupable immoralité, puisque tant d'efforts réunis,
qu'on l'avoue ou qu'on ne l'avoue pas, ne tendent qu'à renverser uniquement pour renverser, puisqu'on ne peut alléguer un
seul grief sérieux contre le pouvoir qu'on attaque; puisque,
au contraire, on le reconnaît, « *tout se passe régulièrement,
constitutionnellement.* (1). »

Et qu'espérer de bon, après tout, d'une armée aussi étran-
gement composée de conservateurs et de réformateurs, d'in-
terventionistes et de non-interventionistes, de républicains et
de légitimistes, de *tiers parti,* de doctrinaires, de gens enfin
de croyances si diverses, et qui sont occupés sérieusement
de toute autre affaire que celle précisément pour laquelle ils
siégent dans le parlement, à savoir, l'intérêt du pays?

Mais supposons encore qu'un coup de main, un moment de
surprise parvienne à renverser le cabinet actuel : de quelle
couleur cera celui qui aura pris sa place ? Quelle combinaison
sortira de ce chaos ? Nécessairement un ministère de coalition,

(1). Brochure de M. Duvergier de Hauranne.

puisqu'il faut une majorité à tout ministère, et qu'aucune
« des huit ou dix petites fractions » dont parle M. Duvergier
de Hauranne ne peut se flatter d'avoir isolément la *majorité*,
qu'elle ait pour chefs M. Guizot, ou M. Thiers, ou M.-O.-
Barrot. Il y aura donc forcément un ministère de coalition.

Or ces sortes de combinaisons ne profitent pas plus à une
seule des opinions coalisées que les coalitions de partis. M.
Guizot l'a reconnu en 1831, lorsqu'il a donné à la chambre
des explications sur les motifs de sa séparation du premier
ministère de 1830, qui était un ministère de coalition, et ne
put vivre que trois mois.

« Les ministères de *coalition*, disait-il, ne sont pas des
ministères de *gouvernement*; il faut, avant tout, dans un
conseil qui veut *agir*, de l'homogénéité : c'est à ce prix seulement que le gouvernement peut s'*affermir et durer*. J'ai
senti le premier vice d'un ministère *de coalition*; je l'ai *pro-
fondément senti*, et voilà la véritable cause de dissidence entre deux hommes qui s'estiment et s'honorent, mais qui n'ont
pu, *qui n'ont pas dû marcher ensemble.* »

Le ministère dont M. Laffitte était le chef, aussi incohérent,
aussi décousu que son prédécesseur, ne fut guère de plus
longue durée, et se traîna péniblement jusqu'à l'administration homogène du 13 *mars*, laquelle ne devait finir que par
la mort de Casimir Périer. Le ministère du 22 *février* était un
ministère de coalition : ne pouvant satisfaire aucune des opinions qu'il avait la prétention de représenter toutes, il s'éteignit
dans l'impuissance et l'isolement. Le cabinet du 6 septembre
fut aussi un ministère de coalition. Il avait en soi un principe
de mort dès le jour même de sa formation ; et après avoir
vainement lutté contre une dissolution inévitable, et dont il
avait la conscience, il fut contraint d'avouer, par l'un de ses
membres influents, M. Guizot, qu'un ministère homogène
pouvait seul avoir quelque chance pour obtenir l'adhésion de
la majorité.

Il est donc évident qu'en fait les coalitions de ministères,
pas plus que les coalitions de partis, ne peuvent profiter aux
opinions coalisées. Et si cela est vrai en général, à plus forte

raison est-ce vrai quand on considère l'état actuel des choses et des personnes; car on est forcé d'admettre l'une de ces deux hypothèses : ou le cabinet qui succéderait à celui-ci serait fidèle à la politique du 13 mars et du 11 octobre, et c'est cette politique qu'invoquent ceux qui espèrent reconstruire l'ancienne majorité; mais alors à quoi bon renverser un ministère qui fait exactement ce que ferait celui qu'on veut lui substituer : ce ne serait donc, dans ce cas, qu'une guerre de personnes. Ou l'on voudrait abandonner définitivement la ligne salutaire suivie depuis le 13 mars; mais il suffit de passer en revue les seuls noms qui aient quelque valeur dans le parlement, pour reconnaître l'impossibilité d'une réaction quelconque contre les idées au nom desquelles tout ce qu'il y a d'hommes intelligents et vraiment constitutionnels n'ont cessé de lutter depuis huit années soit à la tribune, soit dans les journaux, soit devant les cours d'assises ou sur les places publiques. La coalition n'a donc aucune chance de succès.

Et quels sont en effet les parlementaires sur qui pourra compter M. Duvergier de Hauranne pour lui servir de lieutenants dans la campagne qu'il vient d'ouvrir en portant les premiers coups contre la couronne?

Sera-ce M. Guizot, dont la France connaît et sait apprécier les nobles et constants efforts pour le maintien de l'ordre? Les écrits de M. Guizot, ses paroles, ses actes, l'ont placé jusqu'ici dans une sphère trop élevée, il a dans le parlement une valeur personnelle d'un trop haut prix pour ne pas dédaigner une alliance honteuse : car il lui faudrait déserter ses principes, il lui faudrait renier tout un passé honorable et pur. M. Guizot ne se manquera pas à lui-même. Il ne démentira pas la conduite pleine de dignité et de convenance qu'il a tenue pendant toute l'administration de M. Périer, à qui il n'a cessé de prêter un appui loyal et désintéressé. Il refusera de s'associer à l'œuvre de destruction. Il sait par expérience que, s'il est des moments dans la vie des peuples où le courage peut être de détruire, il en est d'autres où le courage est de conserver. M. Guizot est tout près de désavouer le langage irréfléchi de quelques médiocrités turbulentes qui s'agitent autour

de lui, essayant d'abuser de son beau nom dans le seul intérêt de leurs propres affaires. Il se prépare, dit-on, à flétrir
prochainement de sa puissante parole une pétition subversive,
à laquelle jusqu'ici les amis de M. Duvergier de Hauranne
n'ont su trouver rien à répondre. M. Guizot doit être en dehors de cette cohue.

M. Duvergier de Hauranne ne doit pas compter non plus sur
M. Duchâtel, trop consciencieux et trop sage pour renier également un passé pur de toute intrigue. Un faux point d'honneur
ne pourrait le retenir long-temps dans des liens indignes de
lui et de son talent, qui, d'ailleurs, n'a rien de politique. Il
sent toute la portée d'une alliance fondée sur le mensonge.

La coalition n'espère plus enrôler sous sa bannière l'honorable président de la chambre élective. Quelques paroles
échappées à M. Dupin, dans certaines circonstances, avaient
pu faire croire qu'il inclinait vers les idées que je combats
comme contraires aux vrais principes de la monarchie représentative; mais il comprend, surtout aujourd'hui, le danger
d'une lutte plus ou moins vive à l'égard de celui des trois pouvoirs politiques contre lequel semblent redoubler d'efforts tant
d'ennemis coalisés. Il saura mettre au service de la couronne
toute la puissance de son talent, toute la verve de ses saillies,
contre certaines gens qu'il n'a guère ménagés quelquefois
dans ses spirituelles boutades. Il n'ignore pas, du reste, les
intentions toutes bienveillantes de la coalition pour lui. Il sait
à qui, en cas de triomphe, on destine le fauteuil du président
de la chambre.

M. Jaubert restera-t-il encore l'allié de M. Duvergier de
Hauranne? On connaît, il est vrai, ses piquantes expéditions
contre le cabinet actuel. Mais c'est un auxiliaire douteux pour
la coalition. M. Jaubert avait eu le tort, jusqu'ici, de ne voir
dans le parlement qu'une arène où l'on vient étaler à plaisir
la souplesse et la grâce de son esprit, oubliant qu'au fond de
tout cela l'humanité est toujours en cause. M. Jaubert n'est
peut-être plus aujourd'hui exactement le même qu'il y a un
an. Depuis qu'il est entré dans la réalité des affaires, il a
senti que le pouvoir est une force avec laquelle il est quelque-

fois prudent de traiter, dans l'intérêt de certaines entreprises en dehors de la politique. M. Jaubert s'est déjà séparé de ses amis sur la question des chemins de fer ; il pourrait bien accomplir pour son propre compte le *mariage de raison* rompu par les intrigues de M. Duvergier de Hauranne.

Faudra-t-il compter M. Thiers parmi les fidèles de la coalition ? Son attitude méprisante ou hostile pendant toute la dernière session a pu hausser le cœur des adversaires d'une politique ferme et *salutaire* qu'il a soutenue long-temps contre tous les partis ; mais depuis sa retraite volontaire il a eu tout le loisir de méditer sur l'imprudente et indiscrète conduite d'un homme parlementaire , qui n'a pas craint d'abuser d'une position éminente, pour forcer la main au roi par surprise, et après avoir trompé préalablement la religion de son conseil.

M. Thiers s'était séparé de la couronne un seul jour et sur une seule question pendant tout le temps qu'il a été au pouvoir, et il a vu le pays donner hautement raison à la couronne contre M. Thiers.

En manifestant son opinion sur les personnes et sur les choses, à l'époque de la formation du nouveau cabinet, M. Thiers avait dit : *Les personnes sans les choses*, ce qui était poli pour les personnes, que n'aimait guère, comme on sait, le président du 22 *février* ; mais il s'est trompé sur l'état des choses : elles sont restées exactement les mêmes, avec l'amnistie de plus, et l'intervention de moins.

Or, M. Thiers est également trop engagé par ses antécédents, il est d'ailleurs trop essentiellement gouvernemental pour ne pas désavouer les doctrines dissolvantes que s'efforcent de lui prêter je ne sais quels brouillons du journalisme, voulant faire croire qu'ils sont autorisés par lui dans tout ce qu'ils débitent chaque jour de puéril sur la politique intérieure et extérieure.

Donc, ce qui restera pour cette coalition, avouée maintenant avec un incroyable cynisme, ce sera d'abord M. O.-Barrot, l'homme aux faits accomplis, aux professions de foi à double entente ; le grand agitateur, toujours traîné à la remorque du parti qu'il a la prétention de discipliner ; l'orateur creux et emphatique, à qui jusque aujourd'hui il n'a manqué que le pouvoir, pour prouver aux incrédules toute l'inanité et l'inconsistance de ses doctrines politiques ; s'il en a.

Il aura pour allié M. Arago. On verra donc peut-être enfin un jour appliquée aux affaires l'ubiquité scientifique de l'académicien député, qui parle politique et chemins de fer à l'Observatoire, et astronomie à la chambre.

M. Laffitte ne fera pas faute à la coalition ; il entrera dans cette ligue contre l'ennemi commun, c'est-à-dire contre la couronne, qui l'a pourtant sauvé d'une ruine infaillible et imminente. Ce ne sera pas, sans doute, un fort bon moyen pour reconquérir l'estime de la majorité qui a délaissé M. Laffitte depuis si long-temps ; mais ce sera une chance du moins pour regagner quelque peu d'importance personnelle au profit du banquier, sinon de l'homme politique.

Restera ensuite M. Passy, l'un des chefs avortés de l'impuissant et problématique *tiers parti*. Si pour le bonheur de la France la coalition ramène aux affaires l'honorable collègue de M. Thiers au 22 février, parviendra-t-il du moins à rendre intelligible sa politique si anguleuse, au fond de laquelle on n'a pu saisir jusqu'ici une seule idée claire, si ce n'est celle de l'abandon d'Alger ?

Et puis encore M. Sauzet, orateur sentimental et vague, mi-parti de légitimiste, de *tiers parti*, de doctrinarisme, qu'on avait vu parler d'abord en faveur de l'amnistie et conclure contre, et soutenir les lois de septembre, après avoir si souvent battu en brèche le 11 octobre. Viendra-t-il demain, comme le disent les journaux de la coalition, demander le retrait d'une législation qu'il a appelée *salutaire* à une autre époque ? L'unité, la constance, la suite dans les idées entreront-elles dans la coalition avec M. Sauzet ? Il est permis d'en douter.

Et puis M. Mauguin, le ministre futur des affaires étrangères, selon l'esprit de la coalition ; M. Mauguin, puissance bien déchue, sans autorité et sans influence dans le parlement, à qui il ne reste plus d'autre moyen de réhabilitation politique, aux yeux du pays, que de se prononcer hautement contre le

— 57 —

suffrage universel demandé aujourd'hui par la coalition, lui qui disait, il y a sept ans, « qu'avec le cens à 200 fr. la France serait le pays le plus heureux et le plus libre de la terre. »

Restera surtout M. Berryer, l'obligé d'un parti, M. Berryer et ses douze voix, qu'on sera toujours certain de rencontrer partout où il y aura à soutenir une opinion contraire aux intérêts nationaux.

Ce qui restera enfin pour cette nouvelle *ligue du bien public*, ce sera peut-être quelques hommes isolés, pour la plupart dépourvus de talent ou de crédit politique au dedans comme au dehors du parlement, sans principes, sans but, sans idées arrêtées sur quoi que ce soit; assemblage bigarré d'opinions hétérogènes et qui se repoussent mutuellement; pêle-mêle confus d'ambitions de tous étages, de médiocrités incontestables ou de capacités fort contestées, lasses d'attendre un portefeuille depuis si long-temps convoité, et comptant bien en saisir un à la faveur du tumulte soulevé par le scandale de tant de palinodies.

Mais la majorité fera justice de tant d'intrigues qui se croisent au dessous d'un ministère d'honnêtes gens, comme le reconnaissait M. Duvergier de Hauranne le lendemain même de son installation (1). La majorité saura faire comprendre tôt ou tard à M. Duvergier de Hauranne et à ses amis que, si la politique est sainte quand elle est sincèrement dévouée aux intérêts généraux, la politique est méprisable quand elle n'a d'autre mobile que l'intérêt personnel, et qu'un passé honnête n'excuse pas la malhonnêteté présente ou à venir.

Si je suis bien informé, quelques uns des amis de M. Duvergier de Hauranne, restés fidèles aujourd'hui à leur foi politique, ne seraient pas sans désapprouver un récent écrit que l'opposition en masse vient d'accueillir avec le plus touchant accord.

En présence de ce manifeste d'un homme colère, et si peu motivé par les circonstances actuelles, en lisant cette diatribe violente d'un personnage parlementaire plein de ran-

(1) Chambre des députés, 25 avril 1837.

cune, qui prend le masque conservateur pour battre en brèche l'un des trois pouvoirs, si ce n'est même deux, aux grands applaudissements de toutes les feuilles opposantes, depuis le *National* jusqu'à la *Gazette de France*, depuis le *Siècle* jusqu'au *Courrier français*, on ne peut que plaindre M. Duvergier de Hauranne. Si la vanité et l'amour-propre blessé n'étouffaient pas souvent les plus brillantes qualités de l'esprit, un concert d'éloges si unanime et si subit devrait lui suggérer de sérieuses réflexions.

Il y aurait, en effet, de quoi s'effrayer pour celui que l'opposition jusque alors n'avait guère accoutumé à d'aussi beaux triomphes; pour celui qui jusque alors avait pu se vanter de l'honneur d'être impopulaire; pour celui dont les éloquentes paroles, soit en faveur des lois contre les *associations*, soit en faveur de la *législation de septembre*, avaient été constamment flétries par les injures, par les insultes du journalisme de toutes les couleurs. Il y aurait, dis-je, de quoi s'effrayer; et ce qui se passe aujourd'hui rappelle exactement l'histoire de cet orateur d'Athènes qui avait peu l'habitude d'être applaudi de la foule; se voyant un jour applaudi, il s'arrêta tout court, en demandant, d'un air inquiet, « si par hasard il aurait eu le malheur de dire quelque sottise. »

On pourrait adresser la question suivante à M. Duvergier de Hauranne : Il y a un an, si on eût eu l'idée malencontreuse de confier les affaires à un cabinet *homogène*, comme on l'appelait alors, composé exclusivement de M. Duvergier de Hauranne et de ses amis, l'opposition aurait vu dans ce seul fait une cause légitime d'émeute et d'insurrection peut-être; comment se fait-il qu'aujourd'hui M. Duvergier de Hauranne soit devenu possible et même désirable aux yeux de l'opposition ?

J'ai considéré la prérogative royale dans ses rapports avec les autres pouvoirs politiques, ayant tous, comme elle, une portion égale de droits, selon les vrais principes de la monarchie représentative. J'ai fait la part de chacune de ces trois forces, agissant librement dans la sphère de leurs attributions respectives.

Seulement, jai pensé que, dans l'intérêt de l'unité représentative, laquelle se résume essentiellement en la personne du souverain, l'initiative de la direction, ou, si l'on veut, de l'influence sur la marche générale des affaires, doit appartenir à la couronne, sauf le contrôle et la surveillance légitime des autres corps politiques.

J'ai essayé de démontrer, d'après les termes mêmes de la constitution, que refuser toute action quelconque à la couronne, lui nier d'une manière absolue la faculté et le droit de *devancer* ou de *guider* quelquefois, comme disait M. Guizot à Lisieux, l'opinion des assemblées délibérantes, c'est vouloir le fantôme et non la réalité de la monarchie représentative; c'est détruire cette forme dans son essence, en renonçant en quelque sorte gratuitement à tous les avantages qu'elle peut offrir, et qu'on a dû lui supposer nécessairement le jour où on l'a choisie de préférence à toute autre. J'ai cherché enfin à établir qu'il ne suffit pas que le roi *ne puisse mal faire*, et qu'il faut aussi qu'il puisse *faire le bien*, ce qui est impossible si on lui refuse l'action.

J'en ai tiré la conclusion naturelle et logique que la maxime tant vantée : *Le roi règne et ne gouverne pas*, dans une monarchie représentative, est un non sens, un jeu de mots puéril ou un leurre, dont on se sert pour ruiner cette forme de gouvernement, puisqu'il est évident que le roi ne peut jamais gouverner que *constitutionnellement*, puisque cette direction même, dont je reconnais l'initiative à la couronne, est toujours *représentative*, c'est-à-dire subordonnée constamment à l'acceptation ou au blâme des assemblées délibérantes, et, par suite, des électeurs ou du pays, qui nomment les députés.

Quant à l'hypothèse admissible d'un conflit entre les pouvoirs constitutionnels, j'ai fait voir l'erreur et le danger de l'opinion soutenue par les partisans exagérés de la prérogative parlementaire, qui veulent que, dans toute circonstance, la

préponderance appartienne à la chambre élective. Examinant
le cas où la royauté et la pairie seraient d'un côté, et la chambre élective de l'autre, j'ai établi que prétendre forcer la pairie et la couronne à céder toutes deux en présence du troisième corps politique, ou contraindre l'un ou l'autre à passer
de son côté, sous peine de fausser la vérité du gouvernement
représentatif, c'est au contraire anéantir en fait ce qu'on prétend vouloir conserver ; c'est détruire le jeu des trois pouvoirs,
qui sont tous représentatifs au même titre ; c'est mettre le fait
à la place du droit, qui ne peut exister qu'avec une entière liberté d'action et de volonté ; c'est proclamer l'omnipotence de
l'un des corps politiques aux dépens des deux autres, en d'autres termes, nier l'existence du gouvernement constitutionnel,
qui n'est qu'un gouvernement de majorités.

Une fois posés les principes hors desquels cesse d'exister,
selon moi, la vérité de cette forme de gouvernement appelée
la monarchie représentative, j'ai dû les envisager dans leur
application aux faits, c'est-à-dire aux personnes et aux choses
actuelles.

On avait accusé la couronne d'avoir usé arbitrairement de sa
prérogative dans le choix de ses conseillers. J'ai prouvé par
les faits, contre un écrit passionné et rempli d'allégations
fausses à chaque ligne, 1° que le ministère actuel est parlementaire par son origine et par ses actes : par son origine,
puisque d'abord quant aux personnes, à l'exception de deux, il
est le même que celui qui l'a précédé, et qu'on appelle parlementaire ; par ses actes, puisqu'il a obtenu les plus impor-
tants résultats qu'un ministère ait été mis en demeure de réa-
liser depuis huit ans, à savoir, l'amnistie, et la conquête
définitive du territoire de l'Afrique ; puisque, sur tous les
votes de confiance, une incontestable majorité lui a été acquise; 2° qu'il est faux que le ministère actuel ait moins de
volonté et d'influence personnelle que tous les ministères qui
l'ont précédé, puisque, à l'exception de l'amnistie, il a fait
exactement la même chose, de concert avec la couronne; qu'en
conséquence c'est perfidement, et dans un intérêt de mauvaises
passions, qu'on a accusé personnellement la prérogative royale

de vouloir diriger les affaires contre le vœu de l'un ou de l'autre des corps politiques; 3° qu'il n'est pas vrai qu'en fait il existe un conflit entre les pouvoirs politiques, qui se sont entendus jusqu'ici parfaitement sur toutes les questions générales; que c'est donc un acte de mauvais citoyen que d'en appeler aujourd'hui, comme on le fait, *au dernier mot du pays*.

Qu'arrivera-t-il maintenant des espérances de la coalition? La majorité se laissera-t-elle *surprendre*, le pouvoir se laissera-t-il *décourager* par *quelques dégoûts*? Il est permis de croire que non. La majorité ne sait que trop par expérience quels tiraillements, quel malaise, quels déchirements résultent toujours de continuels changements de cabinets; elle sait que ce n'est jamais qu'à force de stabilité et de constance que les gouvernements et les peuples peuvent parvenir à se comprendre.

Quant au ministère actuel, il se doit à lui-même, à la couronne et au pays, de fermer l'oreille à tout le bruit dont on prétend l'effrayer. Il a pour lui la conscience du bien qu'il a fait, et qu'il est à même de faire encore : car une administration qui se renouvellerait périodiquement tous les six mois, eût-elle dans son sein les plus éminentes illustrations, serait plus inhabile à faire le bien du pays, qu'une administration permanente et moins riche en capacités comme l'entendent certains politiques, qui oublient que le vrai mérite de ceux qui dirigent les affaires est moins de prononcer de beaux discours que de savoir gouverner.

Et après tout, ce ministère contre lequel s'élèvent tant de clameurs irréfléchies, sinon intéressées, ce ministère qui n'est pour quelques uns qu'un être de raison, sans volonté, sans influence personnelle, un agent aveugle ou servile de la prérogative royale, il a donné l'amnistie et enlevé tout prétexte aux tentatives possibles des ennemis de nos institutions; il a pris Constantine, créé un établissement français à Stora, et assuré à jamais nos possessions sur la terre d'Afrique; il a fait le traité d'Haïti, et exigé et obtenu du Mexique de justes réparations pour notre honneur outragé; il a su conclure pour les enfants du roi de nobles alliances, qui n'ont fait que resserrer plus étroitement nos relations avec une puissance du Nord qu'on disait hostile à la révolution de juillet ; il a exécuté fidèlement le traité de la quadruple alliance , et protégé contre le mauvais vouloir de la Hollande l'indépendance de la Belgique.

Il a enfin suivi ponctuellement , comme le 13 mars et le 11 octobre , cette politique ferme et modérée qui a assuré le repos et le bonheur de la France au dedans et au dehors ; il a , en d'autres termes , maintenu contre tous les partis la charte et la paix.

Que ferait de plus ou de mieux un ministère *moins servile*, qui ne voudrait, pas plus que ne le veut la majorité , ni l'intervention, ni le rappel des lois de septembre , ni la réforme électorale ou le suffrage universel ?

POST-SCRIPTUM.

30 janvier 1839.

Ainsi ont été désappointés les intrigants de tous les partis, les ambitieux de tous étages ! Ainsi a été démolie pièce à pièce une Adresse factieuse , si artistement élaborée , et de telle sorte que chaque phrase , chaque mot fût une injure directe pour la Couronne ! Et pas un vestige n'est resté de ce hors-d'œuvre inqualifiable, dont l'étrange apparition avait excité partout en France l'étonnement, plus encore que l'inquiétude !

Nous avions eu les émeutes des places publiques : il nous manquait une émeute parlementaire ; et la Coalition s'est chargée du triste soin de montrer au pays ce spectacle ridicule, comme pour compléter la liste de toutes les folies , de toutes les absurdités dont nous avons été témoins, trop souvent victimes, depuis huit ans.

Mais quoi donc ! C'est en pleine paix , c'est au milieu d'une prospérité publique immense, et sans exemple dans notre histoire passée et contemporaine ; c'est ce moment qu'on choisit pour dénoncer en face du pays le gouvernement du Roi comme *funeste* à l'intérêt public ! Et cette accusation est formulée dans des termes que n'aurait pas avoués le libéralisme avancé d'une autre époque, même pendant les mauvais jours du gouvernement constitutionnel !

Et quels sont ceux qui troublent l'ordre ? Qui pousse le cri de guerre, essayant de remettre tout en question à l'intérieur et à l'extérieur ? Qui donc agite si bruyamment le drapeau de de la prérogative parlementaire ? Qui parle aujourd'hui de *contenir*, c'est-à-dire d'opprimer la prérogative royale, au nom de laquelle, il y a deux ans, on demandait une législation *plus forte* que la législation de septembre ? Qui voudrait déchirer les traités conclus avec les nations, ou plutôt les éluder par la ruse et l'astuce ? Quels sont-ils, les chefs de cette ligue renouvelée du *compte rendu*, dont on s'était tant moqué ; charlatans politiques qui osent soutenir qu'ils *gardent leurs principes*, tout en donnant la main à ceux qu'ils ont si fort méprisés pendant sept ans ; qui se posent comme seuls constitutionnelles et seuls parlementaires, et font un appel révolutionnaire à la *souveraineté du peuple* contre la royauté et la pairie ? Ce sont ceux qui trouvaient très légitime et très parlementaire le cabinet du 6 septembre, formé pendant l'absence du parlement (M. Duvergier de Hauranne). Ce sont ceux qui disaient à une autre époque, que la volonté du Roi *devait souvent guider, devancer* l'opinion publique (M. Guizot à Lisieux). Ce sont ceux qui ont proposé les lois de septembre, comme un moyen d'*intimidation* contre les *malhonnêtes gens*, c'est-à-dire contre ceux qui troublent l'ordre (M. Guizot) ; qui ont appelé les lois contre *les associations*, et plus tard les lois de septembre, une législation *salutaire*, annonçant à haute voix qu'ils se chargeaient du soin de les *faire exécuter* (M. Thiers) ; qui ont soutenu contre leurs ennemis d'alors, leurs amis à l'heure qu'il est, l'attribution de la connaissance des crimes politiques à la pairie, en donnant pour raison qu'ils se *méfiaient du jury* (M. Thiers) ; qui, le jour où ils ont pris la direction des affaires, ont déclaré formellement vouloir maintenir les principes *vrais* et *salutaires* de cette politique qui est la leur, et qu'ils attaquent aujourd'hui parce qu'ils sont éloignés des affaires (M. Thiers, 22 février).

Voilà donc les politiques austères et consciencieux qui ont mis la main à ce manifeste anti-monarchique, anti-parlementaire, dont les conséquences logiques, si on l'eût pris au sérieux, étaient de ramener le chaos en France et en Europe! Voilà ceux qui, pour mieux *couvrir la Couronne*, que couvrait mal un cabinet *insuffisant*, insultaient préalablement la Couronne?

Mais le langage plein de raison, de loyauté et de convenance, de M. le Président du conseil, les paroles chaleureuses et fermes de M. de Montalivet, ont réduit au néant de vagues et puériles accusations. La majorité ne s'est pas laissé surprendre par les bruyantes déclamations de quelques discoureurs pleins d'outre-cuidance, qui ont la prétention d'inféoder à leurs personnes le monopole du pouvoir; et la noble conduite de ce cabinet, qui s'était retiré parce qu'il ne croyait pas avoir une majorité suffisante, a fait voir que les ambitieux sont moins du côté de ceux qui ont le pouvoir, puisqu'ils le quittent si facilement, que du côté de ceux qui trouvent tous les moyens bons pour y arriver, et ne reculent pas devant les plus honteuses palinodies.

Vienne donc le jour du renouvellement électoral, que la Coalition était loin de croire si rapproché! La France sait aujourd'hui ce que valent les professions de foi de ces hommes qui s'étaient posés comme inflexibles dans leurs principes. La France sait à quel prix on peut estimer leur patriotisme et leur désintéressement. Les électeurs constitutionnels, qui sont le *nombre*, feront justice des méprisantes forfanteries de quelques *gens de qualité;* et les factieux collaborateurs de l'Adresse de 1839 apprendront peut-être bientôt que le passé, quelque brillant qu'il soit, ne peut pas, ne doit pas absoudre le présent ni l'avenir.

IMPRIMERIE DE GUIRAUD ET
RUE SAINT-HONORÉ, 315.